KB097138

무엇을 할 것인가?

Que faire? de Louis Althusser
Copyright © PUF/Humensis, 2018
All rights reserved.

Korean Translation Copyright © Maybooks, 2018
This Korean Edition is published by arrangement with PUF/Humensis, France
through Milkwood Agency, Korea.

이 책의 한국어판 저작권은 밀크우드 에이전시를 통한
PUF/Humensis와의 독점 계약에 의하여 오월의봄에 있습니다.
신저작권법에 의하여 한국 내에서 보호를 받는 저작물이므로
무단 전재와 무단 복제를 금합니다.

무엇을 할 것인가?

그람시를 읽는 두 가지 방식

루이 알튀세르 지음
배세진 옮김

일러두기

1. 옮긴이가 붙인 각주에는 '-옮긴이'라고 밝혀놓았다.
2. 본문의 괄호 [ ]는 옮긴이가 첨언한 것이다. 단, 원서 편집자가 첨언한 것은
   [-편집자]라고 밝혀놓았다.

결국 체르니셰프스키*와 레닌보다도 훨씬 먼저
"무엇을 할 것인가?"라는 문제와 질문을 제시한 것이 아니라면,
마키아벨리가 우리에게 제시했던 바는 도대체 무엇이었겠는가?

– 루이 알튀세르,《미래는 오래 지속된다》

---

* 니콜라이 체르니셰프스키Nikolai Chernyshevskii는 제정 러시아의 급진적 정치사상가이자
문필가로, 혁명 정치의 선봉에 서 있던 그는 1863년부터 시작된 감옥 생활 동안 《무엇을
할 것인가?》라는 정치 소설을 연재했다. 주지하다시피 레닌 또한 《무엇을 할 것인가?》라
는 제목의 저서를 집필했다. –옮긴이

G. M. 고슈가리언은 현대출판기록물연구소, 즉 IMEC의 총책임자인 나탈리 레제와 그녀의 모든 팀원들, 그리고 프랑수아 보데르, 파비오 브뤼쉬, 자키 에펭, 뤼크 에펭, 쥘리 르 맨, 비토리오 모르피노, 바네사 로지 그리고 로리 틸러에게 감사한다.

편집자 노트

G. M. 고슈가리언

루이 알튀세르가 1978년 집필했던, 그리고 본서에서 최초로 출판되는 미완성 텍스트《무엇을 할 것인가?》는 저자가 손으로 여러 군데를 수정한 95쪽 타자 원고의 복사본을 저본으로 해 편집되었다. 세 쪽이 빠져 있는 이 복사본은 캉Caen 지역에 있는 현대출판기록물연구소IMEC의 알튀세르 문서고에 보관되어 있는데, 이 텍스트가 존재했다는 것을 보여주는 유일한 증언물인 것 같다.

1975년 발렌티노 제라타나Valentino Gerratana의 책임 지도하에 출판된 안토니오 그람시의《옥중수고Quaderni del carcere》[이탈리아어] 판본을 참조했다는 일련의 각주들도《무엇을 할 것인가?》의 타자 원고와 함께 보관되어 있다. 이 각주들 중 몇몇은 모두 이탈리아어로 쓰인 간단한 논평들이다. 이 논평들 중 유일하게 타자기로 치지 않은 것이 하나 있는데, 이것은 알튀세르가 쓴 것이 아니다. 이 책 페이지 하단에 있는 각주들 가운데 [프랑스어판]《옥중수고》에 관한 각주는 모두 방금 말한 이 일련의 각주들에서 가져온 것이다. 우리는 [발렌티노 제라타나 책임 지도하에 출간된 이탈리아어판]《옥중수고》에 대한 참조를 로베르 파리Robert Paris 책임 지도하에 갈리마르Gallimard에서 번역 출간된《옥중수고》에 대한 참조로 [그 어떠한 수정도 없이] 대체하는 것에 만족했다. 또한 우리는 타자 원고에는 빠져 있는 주석 참조기호를 추가했다.

《옥중수고》에 관한 각주를 제외한 나머지 모든 각주는 (하나를 제외하고는) 편집자 주석이다. 이 텍스트를 네 개의 장으로 나누고 제목을 붙인 것은 알튀세르가 아니라 우리가 한 것이다. 우리는 철자와 구두점 오류, 그리고 아주 조금 존재하는 집필상의 몇몇 실수들을 정정했다. 우리가 편집을 하면서 개입한 것들 중 몇 개는 대괄호로 표시를 해두었다 (예를 들어, '데모스테네스' 대신 [테미스토클레스]로 바꾼 것 등).

차례

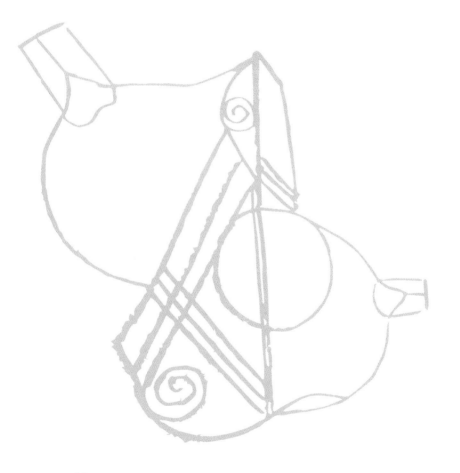

1장

《무엇을 할 것인가?》에서 '무엇'

무엇을 할 것인가?

볼셰비키 당의 구축과 실천을 시작할 수 있게 했던 레닌의 이 오래된 질문은, 마르크스주의 이론에 대해 잘 알고 있는connaît 공산주의자에게는 다른 질문들과는 다른 [특별한 지위를 점하고 있는] 질문이다.

즉 이는 바로 다음과 같은 정치적 질문이다.

부르주아 계급투쟁에 맞서 승리하도록 노동자-인민의 계급투쟁lutte de classe ouvrière et populaire의 방향 설정과 조직화를 보조하기 위해 무엇을 할 것인가?

이 모든 단어들은 '무엇을 할 것인가?'라는 이 단순한 질문의 인도를 받아 앞으로 나아가야만 한다.

노동자-인민의 계급투쟁의 방향 설정과 조직화를 보조하기 위해 무엇을 할 것인가? 우리는 방향 설정 혹은 정치적 노선이 조직화에 **선행한다**는 점을 알고 있는데, 이는 당과 당의 구축에 대한 정치적 노선의 우위, 정치적 노선에 **따른** 당의 조직화에 대한 정치적 노선 자체의 우위를 인지하는 것이다.

노동자-인민의 계급투쟁의 방향 설정과 조직화를 돕기 위해 무엇을 할 것인가? 우리는 방향 설정(노선)과 조직화(당)가 노동자-인민의 계급투쟁에 **의존한다**는 점을 알고 있다.

그러므로 당은 정치적 노선의 도구이며, 정치적 노선은 그 자체로 현재 노동자-인민의 계급투쟁의 표현, 다시 말해 부르주아 계급투쟁의 경향에 대한 이 노동자-인민의 계급투쟁의 적대적 경향의 표현이다.

따라서 모든 것은 부르주아 계급투쟁과의 적대 속에서 노동자-인민의 계급투쟁의 현재 경향이 처해 있는 **'구체적 상황에 대한 구체적 분석'**,[1) 그러니까 부르주아계급을 지배-착취 계급으로 구성하는, 그리고 동시에 노동자계급을 피지배-피착취 계급으로 구성하는 이러한 적대에 대한 구체적 분석에 달려 있는 것이다.

마르크스가, 최소한 자본주의적 생산양식과 관련해서는, 대립물들에 대한 모순의 우위라는 테제, 그러니까 계급에 대한 계급 적대의 우위를 옹호한 것이 사실이라면,[2) **바로 이 적대 자체가** '구체적 상황에 대한 구체적 분석'의 대상이 되어야만 한다.

그렇지 않으면 우리는 '통속 사회학sociologie vulgaire'에 빠지고 말 것이며, 또한 부르주아계급과 노동자계급을 분리해서 개별적으로 각각 인식할 수 있다는 믿음하에, 부르주아계급을 한편에, 노동자계급을 다른 한편에 놓고서 이들을 분석해버리고 말 것이다. 이는 마치 축구팀 간의 **대결**[즉 경기]을 분석하는 것이 아니라(그런데 축구팀 간의 **대결**이 없다면 이 세상에 축구팀이라는 것 자체가 존재하지 않을 것이다) 축구팀의 구성 요소[팀원, 감독, 코치 등등]를 '분석'함으로써 축구 경기를 인식할 수 있을 거라 믿는 것과 같다.

그리고 대립물들에 대한 모순의 우위, 즉 계급에 대한 계급투쟁의 우위를 말할 때, 우리는 단지 하나의 추상적 원리만을 언표하고 있다. 왜냐하면 이러한 적대가 역사적으로 취하는 형태들이 어떠한지, 그리고 이 적대가 어떠한 역사적 형태들을 이 적대자신이 구성하는 계급들에게 부여하는지를 **그 세부 지점까지** 보기위해 우리가 직접 가야 하는 곳은 바로 현장sur le tas,[3] 그러니까 '구체적인 것'의 안이기 때문이다. 그러므로 이러한 원리들의 의미와생산성fécondité을 이해하기 위해, 우리는 현장으로 달려가는 과업을, 그리고 가장 작은 세부 지점까지 사태를 분석하는 과업을 스스로에게 면제할 수 없는 것이다.

어떻게 우리는 이러한 '구체적 상황에 대한 구체적 분석'을이끌어갈 수 있는가? 예를 들어 금속 노동자, 석유화학 노동자, '가족적' 농업 혹은 산업화된 농업의 노동자[농민], 철도 노동자[철도원], 은행 노동자[은행원]의 삶과 노동 그리고 착취의 조건들, 사회보장의 조건들 등의 세부 지점에서 전개되고 있는 바에대해 어떻게 알 수 있는가?

"당신의 삶, 당신의 노동, 당신의 착취 등에 대해 우리에게말해주세요"라는 질문에 관심 있는 이들[즉 위에서 언급한 노동자들 혹은 바로 뒤에서 언급될《뤼마 디멍슈》의 독자들]에게 설문을 하는 것으로 충분하다고 믿는 [순진한] 이들이 존재한다. 이를테면 주간지《뤼마 디멍슈L'Humanité Dimanche》[4]는 관심 있는 모든독자들에게 자신의 '빈곤'에 대해 말해달라고 설문조사를 실시했다.[5] 그리고 이 주간지는 결국 주간지 책임자의 사무실 서랍 속에서 잠자게 될 굉장히 많은 수의 편지들을 받았다.[6] 좋다. 노동자들이 편지를 쓰고, 그들이 이 편지를 통해 흥미로운, 놀라운 그리고 기막힌 수많은 사실들을 말한다. 이는 하나의 구체적 분석을 위한 **하나의** 재료일 수는 있겠다. 하지만 이것이 [그 자체로] 하나의 구체적 분석인 것은 아니다.

준비 없이 현장으로 달려가 노동자들에게 질문을 하는 것으로 충분하다고 믿는 [순진한] 이들이 존재한다. 두 가지 경우가 있을 수 있는데, 첫 번째는 노동자들에게 질문—하지만 우리는 즉흥적 질문들이 사실은 정말로 즉흥적인 것이 아니라는 점을, 그리고 이 질문들이 질문자가 자신의 머릿속에 가지고 있는 '관념들'이 만들어낸 함정에 이미 **빠져** 있다는 점을 잘 알고 있다—을 제시하고, 노동자들은 자신들이 말하고 **싶은** 것을 말한다. 두 번째는 질문자들이 가능한 한 가장 적게 개입하면서 노동자들이 말할 수밖에 없도록 만들 방법을 찾아낸다. 하지만 이 경우에서조차 노동자들은 자신들이 말하고 싶은 것을 말한다. 만약 이 노동자들이 자신이 아는 **모든 것**을 말한다는 점을 가정한다면, 한 가지는 확실하다. 이 노동자들은 항상 그들이 알고 있다고 믿는 것보다 훨씬 많이(혹은 훨씬 적게) 알고 있다. 그리고 노동자들은 **훨씬 많이** 알고 있는 것을 말하지 않는다. 왜냐하면 노동자들은 자신들이 이를 알고 있다는 사실을 알지 못하기 때문이다. 그리고 이는 노동자들이 **훨씬 적게** 안다고 믿고 있는 바에 의해 감추어져 있다.[7] 또한 이 '인터뷰'는 **하나의** 구체적 분석을 위한 재료 중 하나일 수는 있다. 하지만 이것이 하나의 구체적 분석인 것은 아니다.

우리는 현장으로 달려가는 작업을, 그리고 노동자들의 소리에 세심하게 귀 기울이는 작업을 생략할 수 없다. 마찬가지로 우리는 이러한 만남을 위한 **준비**를 생략할 수 없다. 그런데 이 준비는 '좋은 접촉[만남] 관계'('인간관계'가 형성하는 종류의 그러한 접촉 관계)를 형성하기 위한 심리적 준비가 아니다. 이는 **이론적**이고 **정치적**인 준비이다. 그렇기 때문에 우리는 **구체적 분석과 마르크스주의 이론** 혹은 **인식의 조건들에 대한 정치적 의식**이 **동일한 것**이라고 말할 수 있다. 단지 대상의 **층위**échelle만 다를 뿐인 것이다.

레닌은 다음과 같이 말했다. 바로 자기 자신을 인식하기connaître 위한 것일 뿐만 아니라 자기 자신을 의식적 계급으로(다시 말해 그 투쟁을 지도하고 통합하고 조직하는 하나의 당을 가진 계급으로) 구성하기 위해서도, 노동자계급은 부르주아계급 내에서, 노동자계급 바깥에서 일어나는 바에 대해 가장 깊이 성찰해야tenir le plus grand compte 한다고. 노동자계급은 자기 자신 안에서 일어나는 바를 아는 것savoir, 그러니까 자기 자신에 대해 인식하는 것se connaître에 만족할 수 없으며, 이에 더해 다른 편에서[그러니까 부르주아계급 내에서] 일어나는 바를 보고 이해하기 위해 그곳으로 달려가야만 한다. 이는 단순한 호기심을 위한 것이 아니라, **적대를 두 항을 구성하는 것으로 포착[이해]할 수 있도록**, 다시 말해 계급들을 계급들로 분할함으로써 계급들을 구성하는 것으로 계급투쟁을 **포착**[이해]**할 수 있도록**, 적대의 두 항 모두를 동시에 고려하기 위한 것이다.[8] 그렇지 않다면 노동자계급은 자신들에 대한 착취, 자신들의 (유토피아적 몽상으로 인해 배가되는) 미래 없는[희망 없는] 반역이라는 그들 고유의 지평 내에 갇혀버리고 말 것이며, 또한 이렇게 갇혀버린 채 부르주아 계급투쟁의 모든 억압과 계략에 종속되고 말 것이다.

　　적대를 포착[이해]하는 데 성공하기 위해서는, 계급들을 계급들로 분할하는 이러한 계급투쟁의 메커니즘을 이해하는 데 성공하기 위해서는, 단순한 '자기 의식conscience de soi'만으로는 충분하지 않다. 최근 어느 이탈리아 방송국은 알파 로메오Alfa Romeo 노동자들의 노동조건을 인터뷰한 바 있다.[9] 이 노동자들은 전위적이며, 매우 수준 높고 탁월한 의식을 지니고 있는 노동자들이다. 우리는 인터뷰를 통해 그들이 행했던 모든 것을 보았으며, 그들은 자신들이 아는 모든 것을 말해주었다. 이들은 분리된 한 작업장atelier 안에서 일하는 노동자들이었다. 이들은 알파 로메오의 거대한 노동과정 내에서 단지 하나의 자리만을 차지하고 있을 뿐이다. 이처럼 자신들이 일하는 공장과 자신들의 노동에 고립[소외]되어 있지만, 그럼에도 이 노동자들은 자신들이 일하는 공장의 생산과정 구조와 메커니즘(공장의 노동과정 구조와 메커니즘뿐만 아니라 바깥에서 이루어지는 하청이라는 존재의 구조와 메커니즘까지도, 그리고 심지어는 알파 로메오의 경제적이고 재정적인 정책과 그 투자와 시장 등등의 구조와 메커니즘까지도)에 대한 관념을 이해하고 있었다. 이 노동자들은 심지어 (이는 정말로 드문 일인데) 이 체계가 **자기 자신들에게 미쳤던 효과들**, 자신들의 노동조건, 자신들에 대한 착취, 이러한 착취와 자신들 노동력의 재생산 조건들(그들의 주거, 가족, 배우자, 자녀, 학교, 사회보장, 교통, 자가용 등등) 사이의 관계에 **미쳤던 효과들**에 대한 특정한 의식까지도 획득했다. 어느 정도 이 노동자들은 (이는 훨씬 더 깜짝 놀랄 만한 것인데) 그들의 고립과 무지(알파 로메오라는 독점 기업은 노동자들을 조직화와 노동분할[분업]까지 포함하여 자신의 정책에서 노동자들이 지속적으로 고립되게 만들고 이에 대해 계속 무지하도록 만든다)가 (이 고립과 무지가 노동자들의 **정당한** 집합적 의식화prise de conscience, 그러니까 그들의 요구 투쟁 혹은 정치투쟁의 유효성/효율성을 방해하려는 목표를 숙명적으로 지니는 부르주아 계급투쟁의 **형태들 중 하나**이기 때문에) **그들의 착취 조건들의 통합적 일부분**partie intégrante**을 이룬다**는 점까지도 이해했다.[10]

그래서 노동자들은 그들의 '의식화'[11]의 수준을 극도로 끌어올렸던 것인데—그리고 나는 여기에서 중요한 것이 몇 년 전부터 전통적 노동조합의 요구 범위(임금 삭감에 반대하는 투쟁, 노동 강도의 증가에 반대하는 투쟁 등)를 훌쩍 넘어선 이탈리아 '금속 노동자들'의 투쟁 바깥에서는 이해할 수 없는 하나의 예외적 '의식'의 사례라는 사실을 강조하고 싶다—이는 노동과정의 조직화와 그 노동자

통제/관리^{contrôle}에, 그리고 심지어는 자신들을 고용하는 트러스트[거대 기업들 사이의 연합체]의 투자 정책에까지 개입하기 위한 것이다. 우리 프랑스에서는 이러한 종류의 투쟁을 본 적이 정말로 전혀 없다.

그런데 이러한 탁월한 분석 능력을 보여주었던 동일한 노동자들이 극복 불가능한 하나의 어려움에 '봉착'했다. 이 노동자들은 공장과 트러스트에서 일어나고 있던 것에 대해서는 인식하고 있었지만, 피아트^{Fiat}에서, 그러니까 동일한 생산 부문[의 다른 기업들]에서 실제 일어나고 있던 일에 대해서는 자신들의 공장과 트러스트에 대해 알고 있던 바에 비교될 수 있을 만한 어떠한 관념도 가지고 있지 않았다. 또한 이탈리아의 다른 생산 부문들, 그러니까 금속, 섬유, 석유화학, 광업, 농업, 교통, 유통 트러스트와 금융 트러스트 등등에서 일어나고 있는 것에 대해서도 **그 어떠한 관념도 전혀** 가지고 있지 않았던 것이다. 하지만 만일 우리가 자동차 생산과 자동차 시장 내에서뿐만 아니라 금속, 섬유, 플라스틱 산업, 석유화학, 고무 제조업—이 산업들은 자동차 생산에 직접 관련되어 있는 산업들인데, 자동차 생산에 최종 생산물들을 일차 재료로 공급하기 때문이다—에서 알파 로메오가 차지하는 **위치**^{position}에 대해 가능한 한 가장 완벽한 관념을 가지고 있지 못하다면, 알파 로메오에서 일어나고 있는 것을 **결정**하는 것이 도대체 무엇인지에 대한 관념을 획득하는 것은 전혀 불가능할 것이다.

게다가 만일 우리가 경제적 생산 전체, 다시 말해 기존의 여러 부문 전체에서 자동차 생산이 차지하는 규정된 위치^{place}를 이해하지 못한다면, 국내 생산에서 자동차 생산의 존재와 그것이 차지하는 중요성을 결정하는 것이 무엇인지를 이해하는 것은 전혀 불가능할 것이다. 이러한 위치는 우리가 극대화된 이윤율을 추구하는 자본들 간의 경쟁(이는 자본이 다른 부문들 대신 자동차 부문에 투자하는 이유를 설명해준다)과 부르주아지의 경제적 전략 전체에서 투자가 차지하는 위치(이는 부르주아 계급투쟁과 분리 불가능한 것이다)를 모두 제대로 고려한다는 조건에서만 이해할 수 있는 것이다.

이는 놀라운 것처럼 보일 수 있다. 하지만 우리는 자동차—예전에 자동차는 부유층의 호기심과 사치를 위한 물건이었다—의 **대량**생산, **대중을 위한**, 다시 말해 **노동자를 위한** 상대적으로 낮은 가격의 자동차 생산, 미국에서 포드에 의해 의도적으로 시작된 대량생산이 **부르주아 계급투쟁의 이전 전략에 대한 총체적 수정과 관련되어 있었다**는 점을 증명하는 여러 연구들을 수행했다.

예전에 기업의 소유자는 자신의 공장 근처에 노동자들의 주거 지역을 건설했다. 이 노동자 지구^{cités ouvrières}(즉 코롱^{corons12)})의 건설은 광업뿐만 아니라 금속 공업과 섬유 산업에서도 일반적인 관행이었다. 이러한 해결책은 몇 가지 이점을 기업의 소유자에게 제공했다. 노동자들은 교통수단을 이용할 필요가 없었으며(시간의 절약), 아침에 활기찬 모습으로 일터에 출근할 수 있었다. 기업의 소유자는 자신의 가게, 교회, 사제, 학교를 그곳에 세웠다. 다시 말해 자신의 노동자들을 일터에서 그리고 생필품과 의류를 판매함으로써 이중으로 착취할 수 있었다. 특히 기업의 소유자는 노동자들이 생필품을 소비하려면 자신에게 의존해야 한다는 점과 이를 통해 노동자들에게 혜택을 제공한다는 점을 통해, 그리고 사제와 학교 선생님을 통해 (일터에서 자신이 착취를 위해 통제하는) 자신의 노동자들을 [일터 바깥에서도] 더욱 가까이에서 감시할 수 있었다.

하지만 같은 장소에서 이루어지는 이러한 이중의 집적 concentration—노동과정에서의 집적과 노동력과 그 재생산의 유지에서의 집적—은 중대한 문제점 또한 지니고 있었다. 첫 번째로, 기업의 소유자는 [자신이 고용하는 노동자는 무조건 이 노동자 지구에 거주해야만 했으므로] 주거 지역 등등의 건설에 투자한다는 조건에서만 노동력을 증가시킬 수 있었다. 이것이 기업의 소유자가 부딪힌 첫 번째 한계였다. 그리고 곧 두 번째 한계에 부딪혔는데, 이는 이러한 이중의 집적이 노동자들 간의 교류를 배가시켰고 이들에게 투쟁에서의 가공할 만한 힘을 부여했다는 점이다.

마르크스는 계급적 이해관계에 대한 '의식화'와 집합적 투쟁의 조직화에 있어서 생산과정에서 노동자들의 **집적**이 행하는 역할을 강조했다.[13] 노동과정에서의 집적이 주거에서의 집적과

겹쳐 이중화될 때, 노동의 장소가 사실상 주거의 장소와 동일해질 때, 그리고 공장 내의 노동자들**만이** 같은 주거 지역에서 모이게 될 때, 우리는 '의식화'와 투쟁 면에서 이러한 이중의 집적이 어떠한 폭발적 효과들을 산출할지 충분히 상상할 수 있다. 노동자 투쟁의 역사에서, 광산 노동자들이 오랫동안 전위적 위치를 차지한 것(바로 이 광산 노동자들 뒤에 항만 노동자들과 금속 노동자들이 있고, 그 뒤를 이어 섬유 노동자들이 투쟁 대열에 선다)은 우연이 아니다.

착취의 안전성을 위협한 이러한 중대한 위험 앞에서, **부르주아지는 자신의 전략을 변경했다**. 부르주아지는 공장 주변에 '노동자 지구'를 건설하는 낡은 실천을 포기했고, 그 실천에서 얻을 수 있던 모든 이점을 포기하고 다른 방향의 전략을 취하게 되었다.

점점 더 많은 노동자들이 필요해졌고, 이들을 고용하기 위해 더 이상 코롱이나 노동자 지구를 통한 수용적 '도시화^{urbanisme}'에 의존할 수는 없었다. 심지어 멀리 또는 너무 멀리에서 사는 노동자라 하더라도 자본가가 원하는 만큼 고용할 수 있어야 했다. 또한 시장의 경기변동^{fluctuations}에 [유연히] '대처할^{jouer}' 수 있어야 했다. 다시 말해 한 부문의 노동력^{main d'œuvre}을 [유연하게] 증가시키거나 감소시킬 수 있어야 했고, 혹은 이 노동력을 [유연하게] 다른 부문으로 이전시킬 수 있어야 했다. 노동력의 '이동성' [이동에서의 유연성^{mobilité}]은 제국주의적 자본주의 발전의, 자본 투자와 이 자본의 이전^{déplacement}에 대해 제국주의적 자본주의가 행사하는 '작용'의 절대적 조건들 중 하나가 되었다. 자본은 공장 주변에 있는 노동자 지구라는 고정자본에 대한 투자가 채웠던 낡은 족쇄에서 완전히 해방될 필요가 있었다. (평균 이윤율에 기반을 둔) **극대화된 이윤 추구에 종속되어 있는 자본의 이동성은 노동력의 이동성을**, 다시 말해 공장 근처에 있어야만 했던 주거 지역에서 노동력이 해방되도록[그러니까 노동력이 노동자 주거 지역 바깥으로 나가도록] 사실상 **강제했다**. 그리고 앞에서 말한 첫 번째 이유와 하나가 되는 두 번째 이유에 따라(왜냐하면 부르주아지가 착취를 통해 최대치의 이윤을 뽑아내는 것—이 자체가 곧 계급투쟁이다—을 목표로 삼을 때, 부르주아지는 자신이 수행하는 착취의 사회적이고 정치적인 **안전성**을 최대치로 보장해야 하기 때문이다), 이중의 집적으로부터 탄생한 노동자 투쟁에 저항하기 위해, **최대한 노동자들을 분산시켜야만 할**disperser 필요가 있었다. 노동과정 내의 집적을 통해 노동자들이 한 곳으로 모이는 것만으로도 이미 충분했다. 더욱이 공장 주변의 노동자 지구에서까지 노동자들이 모일 필요는 없었던 것이다![14)

여기에서 내가 말한 바는 내가 상상한 것이 아니라 사실이며, 부르주아지를 아무런 정당한 이유 없이 비난하고자 말하는 것도 전혀 아니다. 우리는 **부르주아지가 노동자 주거의 정치적 측면에서 자신들이 행한 '방향 전환'의 계급적 특징을 정확히 인식하고 있었다는 점을 증명하는**, 부르주아 전문가들이 작성한 많은 수의 텍스트들, 선언문들 그리고 연구들을 이미 가지고 있다. 이러한 '방향 전환'이 필연적으로 초래할 수밖에 없는 위험들, 그리고 부르주아지가 이 방향 전환을 통해 기대했던 모든 효과들에 대한 텍스트들, 선언문들 그리고 연구들을 말이다.

노동자가 어디에 거주해야 하는지 자본가 자신이 고를 수 있다는 선택권을 완전히 포기하는, 노동자 주거에 관한 이러한 '방향 전환'("당신이 원하는 곳에서 지내세요. 당신이 어디에서 지내든 저는 알고 싶지 않습니다")은 자연스럽게도 노동자를 복잡하고 분명 우연적인 일련의 과정들 전체—여기에서 도시의 지대는 가장 냉소적인 정책의 편에서 지배적인 역할을 수행했다(오스만[15]은 1848년 혁명에서부터 소총과 대포가 '훌륭한 성과를 낼' 수 있게 해주었던 광범위한 간선 도로를 만들기 위해 파리 중심가의 노동자 지역을 파괴했다)—의 논리로 던져넣었는데, 이는 많은 수의 노동자들을 경작된 땅에 조금씩 조금씩 자리 잡기 시작한 교외banlieues[16]로 내쫓는 데 기여했다. 그래서 금융자본, 도시 지대, [파리 개조] 정책은 자본주의적인 신-도시화 지역들의 계급적 특징을 쇄신하는 데에 이르게 되었다. 멀리 떨어진 교외로 밀려나게 된 노동자들은 그들이 머무를 수 있는 여건이 되는 곳에 머물렀다. 그럼에도 자본가들이 생산에서의 집적만으로도 노동자들이 여전히 너무 위험하다는 점을 알아차렸을 때, 자본가들은 '이 노동자들의 정신 자체를 변화시키'는 작업에 착수했다. 다시 말해 완전히 노골적으로 노동자들이 각자 작은 집과 작은 정원을 교외에서 구입할 수 있게 허락함으로써 **자**

무엇을 할 것인가?

24

신들의 재산에 관심을 쏟게 만들고 대신 계급투쟁을 내팽개치도록 유도했다. 이는 그 어떠한 숨김도 없이 공개적으로 선언된, **노동자 계급의 탈정치화를 위해 필수적인**, 명확히 [의도적으로] 고안된 주택 정책politique pavillonnaire이었다. 장기 대출의 늪과 작은 가족에 빠져 친구들과 '커피 한잔'할 생각도 못하도록 집과 정원의 브리콜라주bricolage에 모든 시간을 빼앗긴 주택 소유 노동자[즉 '집주인' 노동자], 이는 자본주의가 꿈꿀 수 있는 최고의 [체제] 보장물 아닌가!

바로 이 지점에서 우리는 자동차의 문제로 다시 돌아온다. 자동차는, 노동력force de travail에 대한 부르주아 정책, 즉 자동차의 대량생산을 개시했던 이 부르주아 정책(포드가 명료하게 그리고 의식적으로 고안한)이라는 저 거대한 방향 전환reconversion에서 **대중을 위한 생산물, 즉 노동자를 위한 생산물**이었으며, 또한 노동자(이 노동자는 아무 곳에서나 거주할 수 있었다. 그래서 대부분 공장에서 먼 곳에서 거주했으며, 첫 번째 이직 등등 이후에는 아마도 자신의 주거지에서 더욱 먼 공장으로 출근해야만 했을 것이다)로 하여금 자신의 주거지에서 공장 문 앞까지 이동할 수 있게 해주고 예전처럼 노동자가 공장 바로 근처[노동자 지구]에 살았을 때만큼이나 활기찬 모습으로 출근할 수 있게 해주는 필수적인 수단이었다. 부유층이 타고 다니는 자동차를 생산하는 공장들(란치아, 페라리) 혹은 알파 로메오 공장처럼 일반 노동자들의 소득 수준보다는 대개 더 높은 가격의 자동차 생산에 조금 더 전문화된 공장들이 존재한다는 점(하지만 [알파 로메오에서 생산하는 브랜드 중 하나인] 알파-수드^{Alfa-Sud}의 등장 이후 더 이상 일반 노동자들의 소득 수준보다 더 높은 가격의 자동차 생산은 불가능하게 되었다)은 아무런 영향도 미치지 않는다. 자동차는 자신들이 노동하는 기업에서 노동자들만큼이나 먼 곳에 거주하고 있는 다른 부류의 노동자들, 사무직 직원, 관리자 등등에게 [위에서 언급한 일반] 노동자들에게 제공하는 것과 같은 서비스를 제공하기 때문이다. 중요한 것은 페라리, 란치아 그리고 알파 로메오가 심지어는 **피아트의 기반 위에서도**, 그리고 이와 동일한 기업들(제너럴 모터스, 포드, 시트로엔, 더블유엠 등등)의 기반 위에서도, 다시 말해 세계 전역에 자리 잡고 있는 제국주의적 초거대 기업(**그리고 이 제국주의적 초거대 기업은 자신의 자동차 상품 진열대 위에 대중 소비를 위해 대량생산된 자동차들, 다시 말해 어느 노동자라도 일반적으로 구입 가능한, 서민층을 대상으로 하는 자동차**^{voitures populaires} **에 거의 배타적으로 집중한다**)의 기반 위에서도 존재하고 있다는 점이다.

몇몇 이들에 의해 여전히 오늘날까지도 종종 제대로 이해되지 못하고 있는 이러한 현실, 즉 자동차가 노동력의 이동 수단, 다시 말해 노동력의 유지를 위한 수단이자 [자본가에 의해] 착취되는 노동[으로서—편집자] 자본가의 눈앞에 제시되기 위한 수단(마르크스가 지적하듯,[17] 다른 무엇보다도 교통수단이 시장에서의 상품 운송[유통], 그러니까 '상품의 상품 되기'에 활용되듯이 말이다)의 통합적 일부분^{partie intégrante}을 이룬다는 점이 '기술 진보' 혹은 '생산성 향상'을 통해 설명될 수 있는 것이 아니라 부르주아 계급투쟁의 전략 속에서 경이로운 방향 전환의 역사를 통해 설명될 수 있는 것이라는 점, **이는 알파 로메오의 가장 의식 있는 노동자들조차 알 수 없었던 것이다.** 알파 로메오 노동자들은 그 구조와 메커니즘을 너무나도 잘 이해했던 자신들의 기업의 경계를 넘어설 수 없었을 뿐만 아니라, 피아트에서 일어나고 있는 바에 대해서도 인식할 수 없었다(알파 로메오 노동자들은 피아트의 세계적 차원의 투자와 다중생산 multiproduction 전략을 파악할 수 없었다). 알파 로메오 노동자들은 이탈리아 국내 생산의 다른 부문들에서 어떤 일이 일어나고 있는지 알 수 없었을 뿐만 아니라, 부르주아 계급투쟁이라는 틀에서 자동차의 대량생산이 [위에서 이미 보았던] 노동력에 대한 자본주의의 전략적 방향 전환에서 행했던 매우 중대했던 역할을 분명 인식하지 못하고 있었다.

자, 바로 이것이 알파 로메오 노동자들이 노동에 대해, 착취에 대해, 자본주의적 기업에 대해, 이 기업의 생산과정의 메커니즘과 그 투자 정책에 대해, 그리고 공장에서 계급투쟁을 이끌어나가는 이 기업의 방식—알파 로메오 노동자들의 계급투쟁은 비범한 생명력으로 이에 맞섰다—에 대해 말하는 이 탁월한 이탈리아 방송 다큐멘터리에서 볼 수 있었던 것과 볼 수 없었던 것이다.

이 다큐멘터리에서 볼 수 있었던 것은 **우리가 보고 들었던 것**이다. 우리는 일터에 있는 노동자들을 보았고 이 노동자들이 자신들의 투쟁을 통해 알게 된 것, 즉 그들이 인식하게 된 것에 대해 말하는 것을 들었다. 그리고 그들이 말했던 것은 놀라웠다. 그들은 그들 스스로, 그러니까 노동조합 투쟁을 통해 그러한 의식과 지식savoir에 도달했으며, 이는 그들이 공장의 최고 관리자들과 엔지니어들만큼이나 이에 대해 잘 알고 있다는 점을, 그리고 최소한 몇몇 지점들에서는 이 관리자들과 엔지니어들보다 이에 대해 더 잘 알고 있다는 점을 보여주었다.

하지만 이 다큐멘터리에서 우리는 우리가 볼 수 있었던 것만을 **볼 수 있었는데**, 이는 그리 멀리 가지 못한다. 일터의 인간[노동하는 인간]은 극도로 노련한 하나의 지성이지만 그 이상은 아니다. 그리고 우리는 그들이 말했던 것만을, 다시 말해 그들이 아는 데 성공했던 것[즉 인식하는 데에까지 도달했던 것]만을 들을 수 있었다. 우리가 보고 들을 수 있었던 것의 나머지, 다시 말해 노동자 계급투쟁에 대한 부르주아 계급투쟁의 적대 안에서 이 투쟁 **전반의** 구체적 형태들과 구체적 수단들을 지배하는, 그리고 당연한 것처럼 보이지만 모든 '당연한 것들'이 그러하듯 수수께끼적인 다음의 **단순한 사실**, 즉 왜 모든 **자동차 생산은 자동차의 대량생산**, 그러니까 **대중을 위한 자동차 생산에 기초해 있는 것인가, 그래서 왜 노동자들은 자동차를 소유하는 것인가, 그러니까 자동차가 왜 필요한 것인가**[와 같은 질문을 제기하는] **사실**로 이어지는 체계 전체라는 나머지만 여기에서 빠져 있는 것이다. 아마도 당신은 노동자들이 쾌락을 위해 혹은 일요일마다 가족끼리 소풍을 가기 위해, 친구들을 만나러 가기 위해 자동차를 구입하는 것이라고 생각할 것이다. 하지만 도대체 **왜 노동자들을 위한 자동차가 존재하는가?** 우리 논의의 모든 것을 지배하는 이 단순한 질문을, 알파 로메오의 노동자들은 제기하지 않았다. 그들은 이 질문을 제기할 수 없었다.

　왜냐하면 노동자들이 자신의 일터에서 행하는 노동을, 심지어는 노동과정을, 심지어는 기업의 투자 정책을, 심지어는 공장에서의 계급투쟁의 정치/정책을 관찰함으로써도, 심지어는 분석함으로써도 우리가 그 핵심[본질]과 그 표현[현상]에서 계급들을 계급들로 분할하는 계급투쟁의 근본적 적대를 이해할 수 있게 해주는 이론적 원리들에 도달할 수 있는 것은 아니기 때문이다. 이를 위해서는 [일상적] 실천을 통해 매일마다 검증되는 형태하에서 이 문제를 진지하게 사고할 수 있고, 실제적이고 구체적으로 해결할 수 있는 유일한 이론을 활용해야만 한다. 바로 마르크스주의 이론 말이다. **그러므로 마르크스주의 이론에 대한 최소한의 통달**[장악ᵐᵃⁱᵗʳⁱˢᵉ] **없이 구체적 상황에 대한 구체적 분석은 존재하지 않는다.** 이러한 통달은 사태가 어떠한 전체 체계에서 전개되는지를 이해하기 위해서 필수적이다. 그런데 오늘날 이 체계는 세계 자본 시장과 다국적 기업들, 그들의 투자 이전 '정책'(가장 적은 월급을 줄 수 있는 노동자ᵐᵃⁱⁿ ᵈ’œᵘᵛʳᵉ가 있는 곳을 따라, 원료로 쓰일 자원의 탐색과 정복을 따라, 그리고 이 원재료의 가격 변동과 그 국가의 불안정한 혹은 안정적인

'정치적 상황' 등등에 따라 이루어지는 이전 '정책')까지도 포괄하고 있다 _{embrasse}. **이러저러한 부문의 이러저러한 노동자가 속해 있는 이러저러한 노동과정이 점하고 있는 위치**를 위해하기 위해서는, 최소한 이러한 큰 틀에서, 이 체계의 메커니즘을 이해하고 있어야만 한다.

하지만 이러한 동일한 통달은 자신의 삶과 자신의 노동에 대해 말하는 노동자의 얼굴 앞에서 이 노동자를 **정확히 '듣기'** 위해서도 반드시 필요한 것이다.[18] 왜냐하면 이 노동자를 들을 수 있기 위해서, 이 노동자를 듣는 이는 어떠한 질문을 제기해야 하는지, 그리고 어떠한 질문을 제기하지 말아야 하는지를 알고 있어야만 하기 때문이다. 이 노동자를 듣는 이는 노동자가 말하는 바와 노동자 스스로가, 과정 전체가 자기 자신의 조건에 발휘하는 효과에 관해 모르고 있는 바를 서로 관계 지을 줄 알아야만 한다. 그리고 마지막으로 가장 중요하게는, 이러한 관계를 통해 이 노동자를 듣는 이는 자신이 모르는 것과 노동자가 아는 것(하지만 이 노동자는 자신이 이를 알고 있다는 사실을 모르는데도 결함과 편향, 심지어는 누락과 침묵 속에서 이를 말한다)을 배울 준비가 되어 있어야/배우기를 원해야 한다.

노동자 자신이 알고 있는 것보다 [사실은] 더 많이 혹은 더 적게 알고 있다는 사실은 마르크스주의 이론이 잘 인식하고 있는 현실, 그리고 마르크스주의 이론이 우리로 하여금 발견할 수 있게 해주었던 그 현실, 즉 **이데올로기의 효과들**을 나타나게[우리가 인지할 수 있게] 한다. 삶, 노동, 착취, 투쟁, 노동력 재생산의 조건들은 우리가 기차역에서 무슨 일이 일어나는지 관찰하듯 우리가 관찰할 수 있는 벌거벗은[노골적인] 사물들/사태들^{choses}이 아니다. 마르크스가 했던 말에 따르면,[19] 비록 대공업의 기계가 노동자 자신을 부속품의 상태로 환원시키기는 하지만, 인간은 '기계-동물'['기계라는 가축']이 아니다.[20] 인간은 오히려 '이데올로기적 동물'이다.[21] 인간은 우리가 이 인간들, 이들의 노동 그리고 이들의 세계에 대한 '관념들'이라고 부르는 바를 가지고 있다.

그리고 이 관념들은 이 인간 자신의 경험이 취하는 우연에 따라 [혼란스럽게] 분산된 순서/질서로 인간에게 다가올 수 있으며, 결국 이 관념들은 항상 관념들 전체의 (총체적 응집성 부족으로 인해 특정한 응집성만을 지닐 뿐인) 체계들, 즉 우리가 **이데올로기들**이라 부르는 체계들하에서 한 지점으로 다시 모이게$^{se\ regrouper}$ 된다. **결국** 항상 이 관념들은 이 이데올로기들하에서 한 지점으로 [서로-편집자] 다시 모이게 **되는데**, 왜냐하면 이 관념들은 **이전에** 이데올로기들하에서 **이미** 모였던^{groupées} 적이 있기 때문에, 그리고 '경험이 취하는 우연'이 사회적 개인들에게 강제되기 위해 이 이데올로기들이 취하는 형태일 뿐이기 때문에 그러하다. 이데올로기는 개인들의 '관념들'의 총합이 아니며, 대신 이데올로기는 비탄력적이거나^{rigides}, 탄력적이거나^{souples}, 가장 많은 경우에는 비탄력적이면서 동시에 탄력적인 '체계들'이다. 이데올로기는 순수하고 단순한 '관념들'이 아니라(이러한 '관념들'이라는 형태에서 이데올로기는 존재할 수조차 없다), 대신 항상 실천과 어떤 관계를 유지하고, 항상 **실천적인** 판단과 태도의 특정한 체계를 살아 숨 쉬게 만듦으로 inspirent, 우리는 이 이데올로기들을 이 이데올로기들의 **신체**[22] 내에서, 그 [**신체**-편집자]의 활동 내에서, 그러므로 또한 신체들 내에서도, 이해해야 하는 것이다.[23]

그렇다, 이데올로기들은, 이데올로기들이 **신체**에 대한 것[24]인 것과 정말 마찬가지로, 신체(이 신체에서 이 이데올로기들이 발현된다)를 지닌다.[25] 이 신체는 국가 전체와 그 서로 다른 이데올로기적 국가 장치들(법률 체계, 학교 체계, 정치 체계, 노동조합 체계, 종교 체계, 가족 체계, 의료 체계, 언론informationnels 체계, 문화 체계 등)보다 상위에 존재하는 '제도들institutions'이다. 이 이데올로기적 전체 영역들에서 (지배계급의 이데올로기인) 지배 이데올로기와 피지배 이데올로기들 사이의 거친 이데올로기적 계급투쟁이 벌어진다.[26]

노동자와는 훨씬 더 거리가 있는 곳으로 우리를 이끌어가는 것처럼 보이는 이 모든 것은, 그러나 사실은 우리를 노동자, 바로 그곳으로 정확히 인도해준다.[27] 왜냐하면 바로 이 노동자가 그 자신의 신체에 이르기까지 복잡한 이데올로기들이 **서로 대립하는 바로 그 장소**이기 때문이며, 이 이데올로기적 적대는 이 노동자에게 '자연스럽게' 감추어져 있기 때문이다. [1] 국가와 그 일반적인 이데올로기적 체계 전체, [2] 자본가의 내적 활용의[자기 자신이 활용하려는 목적의 특수한] 이데올로기적 체계 전체, 이 [1과 2] 두 가지는 노동자에게 스스로를 인지할 수 있게 해주는 '관념들'을, 그리고 노동의 가격으로서 임금에 관한, 사회적 지위 향상에 관한, 참여에 관한, 업무의 자유로운 분할에 관한, 경제(생산)와 정치 사이의 차이에 관한, 도덕적 가치(만일 이 노동자가 가정에서 좋은 아버지가 되고자 한다면 그는 이 도덕적 가치를 정확히 이해하고 있어야만 한다)에 관한, 자식들의 미래를 보장해줄 학교(더 이상 자식들에게 세례를 해주는 것이, 교리를 가르쳐주는 것이, 그리고 이 [아버지] 노동자에게 그랬던 것과 마찬가지로 현세의 고통에 대한 보상으로 영원한 삶에 관해 말해주는 것이 교회가 아닐 때 말이다)에 관한 '관념들'을 끊임없이 공급한다 proposent. 형식적이지도 않고 형식화할 수도 없는 이 인상적인 체계들의 체계(그러나 마르크스주의는 오늘날 제국주의 계급의 이데올로기적 투쟁의 전위대로서 이론적 이데올로기를 대표하는 '체계 이론'과는 아무런 관계도 없다)는 노동자로 하여금 그가 기계의 부속품, 다시 말해 자본가에 의해 착취당하는 대상에 불과하다는 점을 망각하게 해주려는 목적을 지니는 상당한 수준의 위협적 힘을, 그리고 가끔은 보상적 성격의 유인까지도 지니고 있다. 하지만 노동자는 자신의 시선 아래에 자신에게 만들어진[주어진] 현실적 조건 또한 지니고 있으며, 그가 조금만 봉기한다면, 그리고 이 봉기가 조직된 투쟁에 의해 조금만 빛을 발한다면, [지배 이데올로기의 관념들과는] **다른 관념들** 또한 그에게 도래할 수 있게 된다. 첫 번째 이데올로기들[즉 지배 이데올로기의 관념들]을 신비화하는 것들로 비판하는 관념들, 노동자에게 계급투쟁의 현실과 자신의 노동조건들과 (이 노동조건들을 끊임없이 만들어내는) 이 사회를 변화시키기 위해 연대할 필요성에 대해 말해주는 관념들.

지금 나는 극도로 도식적인 방식으로 말하고 있다. 이를 어떻게 몇 줄로 설명할 수 있겠는가? 하지만 이 몇 줄은 자신의 노동조건과 삶의 조건을 **말하고 있는** 노동자가 곤충학자처럼 말하는 것이 것이 아니라, 지배 이데올로기가 이 노동자의 정확한 관심사préoccupations에 응답하기 위해 생산한 구체적 형태들에 어느 정도는 종속된 인간**이거나** 혹은 이 관심사에서 어느 정도는 해방된, 그래서 이러한 해방을 통해 어느 정도는 이 동일한 노동조건과 착취 조건에 대해(그리고 또한 자신의 노동력의 재생산에서 노동조건과 착취 조건의 모든 확장물들에 대해서까지) 의식하게 된 인간**이거나**, 이 둘 중 하나의 인간으로서 말하고 있다는 점을 우리가 지각하도록 만들기에는 충분하다. 그러므로 우리는 아마도 수수께끼인 채로 남아 있는 다음의 문장, 즉 이 동일한 노동자가 **자신이 알고 있다고 믿는 것보다 더 많은 것을 알** 수도 있다는 점을, (다음의 경우 또한 가능한데) **자신이 알고 있다고 믿는 것보다 더 적은 것을 알** 수도 있다는 점을 이해할 수 있게 된다. 그리고 역설적이지만 이 노동자가 자신이 이에 대해 알고 있다는 점을 가장 잘 '의식'하고 있을 때 그가 자신이 알고 있다고 믿는 것보다 항상 자동적으로 더 많이 알게 되는 것은 아니다. 왜냐하면 이 노동자가 획득한 '의식'의 원초적 진리들^{vérités premières}의 명명백백함에 의해 눈이 멀어버릴 수도[맹목적이 되어버릴 수도] 있기 때문이다.²⁸⁾ 이는 의식의 기본 중의 기본이 일종의 절대지식이 되어버리는 활동가들에게서 나타나는 일이다(이 절대지식은 활동가들로 하여금 그들 조건의 한 부분 전체, 특히 동지들이 처한 조건의 한 부분 전체에 대해 눈이 멀게[맹목적이게] 만들어버린다). 이 활동가들은 자기의식을 지식으로 오해하며, 이렇게 오해한 이들의 자기의식은 그들의 지식을 차단한다. 반면 (다른 것은 차치하더라도 그들이 어떠한 노동조합에도 혹은 어떠한 정치 조직에도 속해 있지 않다는 이유에서) 그 어떠한 특수한^{particulière} '의식'도 소유하고 있지 않다고 주장하는 노동자들조차 그들 스스로가 알고 있다고 생각하는 것보다 훨씬 더 많은 것을 진정으로 알고 있을 수도 있다. 이 노동자들은 자기의식을 지식으로 간주하지 않으며, 그들의 의식은 그들의 지식을 자동적으로 차단하지 않는다. 진지한 구체적 분석은 이러한 차이점들과 역설들에 주목해야만 한다.

이러한 역설들은 단순한 자연적 호기심이 아니다. **이 역설들은 굉장히 거대한 정치적 중요성을 지니고 있다.** 왜냐하면 바로 이 역설[들-편집자] 위에, 마르크스주의적 전통에서, 계급에 대한 대중의 우위, 그리고 계급[의-편집자] 투쟁 조직, 노동조합 그리고 당에 대한 대중과 계급의 우위가 기반을 두고 있기 때문이다.²⁹⁾ 이는 대중에 대한 숭배에 빠지는 것이 전혀 아니며, 오히려 노동자들의 의식 수준과 (이에 더해) **지식** 수준이 이 노동자들이 달성했다고 믿는 수준, 그러니까 그들의 자기의식과 반드시 조응하는 것은 아니라는 점을 고려하면서 이 노동자들의 의식 수준에 극도로 세심하게 주목하는 것이다. 계급에 대한 대중의 우위, 노동조합과 당에 대한 대중과 계급의 우위를 통해서 마르크스주의 전통은, (주의 깊게 잘 이해하는 이들을 향한[30]) 경고의 형태하에서, 우리가 서 있는 지점 위에서 여전히 다른 많은 것들, 즉 노동자들은 이데올로기적 투쟁에서, 다시 말해 지배 이데올로기의 지배에서 벗어나지 못한다[즉 이 지배와 피지배의 전투에 참여하지 않을 수 없다]는 단순한 사실, (조직되지 않은 노동자들, 그러니까 원칙적으로는 덜 의식적인 노동자들이, 자신들의 이름을 걸고 [노동자들을 대표하여] 조금은 너무 성급하게 말하는 이들[예를 들어, 지식인들]보다도, 그 침묵하에서 훨씬 더 많은 것을 알 수 있다는 점을 인지하지 못한다면) 노동조합적인 혹은 정치적인 모든 의식 형태는 자칭 성취된 진리로 오인될 위협을 끊임없이 겪는다는 단순한 사실을 말하고자 한다.

이제 우리는 가장 위협적인 질문, 즉 "무엇을 할 것인가?"의 '무엇'에 담겨 있는 질문에 정말로 접근할 수 있게 되었다. 하지만 이러한 질문에 접근하기 전에, 그만큼이나 위협적인 또 하나의 질문, **질문을 던진다는 사실**le fait de l'interrogation에 담겨 있는 질문을 다루어야만 한다.

우리는 '무엇을 할 것인가?'라는 정치적 질문의 수신자가 **누구**

인지, 도대체 누가 그 수신자가 **될 수 있을** 것인지 정당하게 질문해볼 수 있다. 이 질문이 정치적 질문이라는 이유에서 이 질문이 정치란 무엇인지, 정치적 행위란 무엇인지 이미 알고 있는 이들, 그러므로 주어진 상황에서 '무엇을 할 것인가?'라는 질문을 스스로에게 던지기 위한 정치적 의식을 지니고 있는 이들이 그 수신자가 될 것이라는 대답은 너무 손쉬운 답변일 것이다. 이들은 이미 조직화와 투쟁에 어느 정도 단련된 활동가들일 것이며, 계급투쟁이 노동자계급에게 결정적인 지점에 도달했다는 점을, 그리고 노동자계급이 (예를 들어) 더 이상 자신의 이전 조직, 자신의 이전 노선, 자신의 이전 실천들을 지속할 수 없다는 점을 이해할 수 있을 만한 충분한 의식을 가지고 있는 이들일 것이다. 이러한 조건들 속에서, 1903년의 레닌과 마찬가지로, 이들은 '무엇을 할 것인가?'라는 질문을 스스로에게 던질 것이다. 그들은 노동자 계급투쟁이 맞닥뜨린 역사적 난관 혹은 이 노동자 계급투쟁의 조직화의 위기를 (어느 정도는) 의식하고 있는 활동가들로서 이 '무엇을 할 것인가?'라는 질문을 스스로에게 던질 것이다. 그러므로 레닌은 이들의 질문을 듣고, 이 질문을 자신의 것으로 다시 취하고, 이 질문에 최대치의 활력relief과 힘, 그리고 개방성publicité을 제공하고, 또한 이들의 질문에 다음과 같은 구체적 답변들을 제시함으로써 (이들을) 보조한 것 말고는 전혀 다른 것을 하지 않았을 것이다. 새로운 조직을 건설해야 하며, 이 조직은 이 새로운 조직이 만드는, 그리고 존재하지만 분산되어 있는 혁명적 '모임들cercles'을 통합할 수 있는 수단으로 기능하는 **기관지**를 중심으로 해야만 한다. 다시 말해, 이 새로운 조직은 노동자 운동 그리고 농민 운동과 함께 이러저러한 관계를 유지해야만 한다. 이 새로운 조직은 이러저러한 인민-통일적 계급투쟁을 부르주아-봉건적 계급투쟁과 그 도구, 즉 차리즘에 맞서 이끌어 나가야만 한다, (오랜 시간 동안 은밀한 성격을 지닐 이 투쟁에서) 당은 '전문적 혁명가들'의 중핵으로서 행동하면서 이러저러한 방식으로(매우 엄격한 성격의 민주 집중제라는 방식과 같이) 조직되어야만 한다 등등.

그러므로 이러한 가설에서, 이미 의식하고 있는 활동가들이 스스로에게 제기하는 질문을 다시 취하는 이는, 그리고 정세heure의 객관적 요구에 의해 심화된 마르크스주의 이론의 기반 위에서, 기존 계급투쟁의 객관적 조건들과 또한 '주관적'이라고 불리는 조건들(대중과 활동가들의 '의식'을 실현하고 측정하는 기존 조직화 형태들과 그 수준)의 기반 위에서 매우 정교한 구체적 답변들(이 답변들은 이 답변들 사이에 이론, 방향 설정, 조직화, '장기 지속'적 투쟁을 위한 행동의 원칙들과 **즉각적** 행동을 위해 이에 조응하는 구호들, 이 원칙들과 구호들 모두를 포괄하는 체계 전체를 구축한다)을 통해 이 '무엇을 할 것인가?'라는 질문에 대답하는 이는, 바로 **지도자**이다.[31]

나는 이 점을 강조하고자 한다. 만일 우리가 이 '무엇을 할 것인가?'라는 질문이 다음과 같은 차원, 즉 이 질문을 공적으로 제기하는 이가 다시 취하는 미래의 차원, 노동자 계급투쟁의 '장기 지속'을 위한 미래의 차원을 **필연적으로** 소유한다는 사실에 주목한다면, 형식적으로 우리는 '무엇을 할 것인가?'라는 질문에 대한 책임 있는 이론적이고 정치적인 마르크스주의적 답변을 인지할 수 있을 것이다. 이러한 미래의 차원은, 우리가 '전략'이라는 답변 혹은 **'정치적 노선'**이라는 답변으로 부르는 것이며, **동시에** 투쟁 속에서 이러한 '노선'을 실현하는 데 필수적인 이론적, 조직적, 이데올로기적 그리고 실천적 수단이라는 답변으로 부르는 것이다. 바로 이러한 맥락에서 프랑스에 좌파연합[32]과 이 좌파연합에 조응하는 수단에 의해 공고화된 프랑스 인민연합[33]이라는 노선이 등장하게 된 것이다.

그러나 마르크스주의적 답변이 책임 있는 답변이 되기 위해서는 ('장기 지속', 그러니까 전략과 '노선'에 대한 답변들을 넘어) 극단적인 경우 우리가 **'구호'**라고 부를 수 있을, **즉각적 행동을 위한** 답변들을 포함해야만 한다. 당연히 즉각적 적용 혹은 근접한 미래에 적용하기 위한 목적의 이러한 '구호'는 전략적 답변들과 완전히 다른 질서[성격]의 답변들을 구성하지는 않는다. 왜냐하면 우리는 이와 반대로 전략적 답변들의 기반 위에서만, 그러니까 '장기 지속적 투쟁'—이 '장기 지속적 투쟁'은 객관적 상황의 요소들 전체와 이 요소들이 지니는 적대의 지배적 경향을 가능한 한 가장 정확히 사고해야만 한다—에 따라서만 이 전략적 답변들을 개념화할 수 있고, 그러므로 언표할 수 있으며, 그러므로 당(혹은 노동조합)의 활동가들에게 제안할 수 있기 때문이다.

예를 들어, "압류^saisies에 맞서 싸우자"라는 구호(자신의 보고서에서 조르주 마르셰가 인용했던 구호[34])와 같은 구호는 물론 **즉각적인 구호**이다. 하지만 구호 그 자체로서 이 구호는 인민-대중의 제국주의적 착취에 대항하는 그들의 투쟁에서 그들의 방어와 통일을 위한 계급적 전략의 '장기 지속적 노선'에 기입된다. 이 구호는 프랑스 노동자와 이주 노동자, 소소은퇴자와 다른 '가난한 이들'을 즉각적으로 방어하는 데 있어서, "한 걸음 한 걸음 앞으로 나아가듯, 벽돌을 하나하나 쌓아가듯"(마르셰) 이 구호 자체의 수준과 이 구호가 자리해 있는 지반 위에서, 이들이 "민주주의적 변화"를 위한 투쟁에서 연합할 수 있도록 보조한다는 전략적 목표를, 그리고 더 나아가서는 사회주의를 예비한다.

마찬가지로, (국가가 수십억을 "낭비"하는 산업인[35]) "제철 산업의 국유화를 위한 투쟁을 [프랑스 북동부] 로렌 지역의 금속 노동자들에게 제안하자"와 같은 구호[36]는 즉각적인 행동을 위한, **그리고 동시에** 가까운 미래를 위한 구호이다. 명백히 이 구호 또한 명확한 전략적 목표들, 즉 인민연합(혹은 프랑스 인민연합)—마르셰에 따르면, "좌파연합"은 이 인민연합에서 "시멘트"의 역할을 한다—을 위한 노동자들의 투쟁에서 이루어지는 통합을 (여기에서도 역시, "한 걸음 한 걸음 앞으로 나아가듯") 준비하는 것을 목적으로 하는, 생산의

한 부문 전체에 존재하는 한 범주의 노동자 전체를 방어하기 위한 '장기 지속적 노선'에 기입된다.

형식적으로 볼 때 이 구호는 완벽히 정당하다. 하지만 이 구호를 적용하기 위한 '객관적' 조건들이 준비되었는지에 대해 의문을 품을 수 있다. '주관적' 조건들(어떠한 희생을 치르고서라도 그들의 노동을 구해내겠다는 노동자들의 의지, 노동조합과 당의 의지)은 확실히 준비되었다. 하지만 우리는 이를 제대로 지적해야만 하는데, '전략적 노선'뿐만 아니라 이 '전략적 노선'에서 만들어지는 모든 '구호'도 함께 고려해야만 하는 객관적 조건들이라는 문제가 존재한다. 3월 19일 승리를 거두었던 부르주아지[37]가 **자신들의 장기 지속적 전략상** 제철 산업을 국유화하려는 '의도'가 확실히 전혀 없었다는 이유 때문만이 아니라, (권좌에 오른 계급이 어떤 계급이든 간에) 만일 한 계급이 제철 산업을 정말로 국유화하기를 원한다면, 아마도 이 계급은 설비의 조건(그러니까 기술적 생산성)과 임금의 조건에서, 결국은 제철 산업의 자본가들이 제철 생산을 통해 프랑스 시장에서 고작 이 정도밖에 획득하지 못한다고 엄살 피우는 [낮은] **이윤율**의 조건에 있어서(외국 시장은 이미 일본과 다른 나라들의 낮은 가격의 생산에 의해 이미 점유되어 있기 때문에), 국제적 경쟁(이 국제적 경쟁은 세계 금속공업 생산물을 프랑스 금속공업 생산물 가격의 30~50퍼센트에 해당하는 낮은 가격으로 프랑스 시장에 던져놓을 수 있는 힘을 가지고 있다)에서 비롯되는 현재의 거대한 난점들에 부딪힐 것이라는 이유 때문이기도 하다.

이것이 엄살인 이유는, 만일 이 제철 산업의 자본가들이 현재 **프랑스** 생산의 다른 부문들에 비해 낮은 이 제철 산업의 이윤율마저도 획득하지 못하는 것이 정말 사실이라면, 이들은 제철 산업 생산을 포기하는 데 따르는 매우 중대한 난점들에도 불구하고, 제철 산업 생산을 포기하고 그들의 고정자본을 전환시키며(이는 사실상 거의 불가능한데, 왜냐하면 우리는 광산을 전환시킬 수도 없고 심지어는 용광로를 전환시킬 수도 없기 때문이다!) 다른 생산을 추구하거나, 아니면 아주 단순히, 이 자본가들이 늘 그래왔듯, 국가에 의해 자금을 조달받고자 할 것이기 때문이다. 그리고 한 기업[boîte38)] 혹은 (더욱 강력한 이유로는) 자본주의적 생산의 한 부문이 국가에 의해 '자금을 조달'받을 때, 이 돈은 항상 국채를 통해, 그러니까 세금의 개입을 통해 조성한, 생산적 노동자 전체, 그러니까 자본가계급이 아니라 그 누구보다도 우선 노동자계급에게서 강탈[extorquée]한 잉여가치에서 공제된 엄청난 양의 돈(수백억에 달하는 신식 프랑[39)])이다.[40)]

이 예는 '장기 지속의 전략적 노선'에서 몇몇 즉각적 구호들을, 그러니까 "압류에 맞서 싸우자" "노동자들의 구매력을 방어하자" "민주주의를 확장하기 위해 투쟁하자"(비례대표제, 노동조합을 결성할 권리의 방어와 확장, 기업 내에서의 정치적 권리의 인정), 가능한 모든 형태들하에서(즉 모든 구체적 투쟁들에서) 소농민층과 도시의 소부르주아층, 그리고 지식인 계층 등등과의 연합을 실현하자 등등과 같은 즉각적 구호들을 '끌어내는 것'이 가끔은 상대적으로 손쉬운 일이라는, 심지어는 [절대적으로] 손쉬운 일이라는 점을 보여준다. 하지만 이 구호들이 실현되기 위한 객관적 조건들이 **'정치적 노선' 그 자체가 진지하게 취급하지 않았던 조건들에 즉각적으로**[직접적으로] 의존할 때, '전략적 노선' 바로 그 자체에서 몇몇 구호들을 즉각적으로 '이끌어내는 것'은 종종 쉽지 않을 뿐만 아니라 매우 어렵기도 하다. 정치적 노선이 이 조건들의 존재를 취급하지 않았을 때, 다시 말해 인정하지 않았을 때, 그리고 이 조건들을 구체적으로 분석하지 않았을 때, 이 구호가 심지어 형식적으로 정당한 정치적 노선에서 '이끌어낸' 것이라 하더라도, 자신의 위치에서 기적과도 같이 이 '정치적 노선'에 따른 정치적 실천이라는 노동을 할 수 있을 거라 믿는 것은 하나의 허상일 뿐이다. 놀랍긴 하지만 바로 이렇게 우리가 확인할 수 있듯, 극단적인 경우, 어떠한 구호는 형식적으로 정당한 노선에서 끌어낸 것이라고 해도 잘못된 것일 수 있다.

분명 바로 이 지점이, 노동조합 혹은 당의 지도부가 **'구체적 상황에 대한 구체적 분석'**이라는 자신의 노동[의무]을 수행하지 않았던, 혹은 지도부가 단순히 이를 적용하는 것으로만 만족했던 막연한 '이론'의 이름으로 멀리 떨어진 높은 위치에서[인민으로부터 멀리 떨어진 곳에서] 절반만 수행했던 한계-상황^{situation}

limite이다. 바로 이것이 현재 프랑스 공산당과 많은 수의 다른 공산당들의 경우이다.

몇 해 동안 프랑스 공산당은, 정말로 진지하고 심화된 구체적 분석을 하지 않은 채로, 하지만 '구체적인 것'에 대한 가시적인, 그러니까 표면적인 단순한 현상들을 **적용하는 것**에 만족함으로써, 그들에게는 구체적 현실이어야만 하는 것을 이러한 식으로 높은 위치에서 '결정'했다. 인위적인 것이든 부분적으로 자의적인 것이든 (부분적으로는 참이라고 할지라도) 부정확하거나 불충분한 것이든 그러한 한 '이론'의 진리, 그 '정치적 노선'의 이론적 정당화의 이유들을 위해 채택된 한 '이론'의 진리를 만들어냈던 것이다.

나는 국가독점자본주의론이라 사람들이 부르는 바에 대해 말하고자 한다.[41] 프랑스 공산당은 가시적인 성격의 '구체적인 것'에 대해 이런 방식으로 만들어진 한 이론의 '적용'이 프랑스 공산당에게 (위에서 말했던) '구체적인 것'에 대한 진정한véritable 인식을 제공해줄 것이라 믿었다. 그래서 프랑스 공산당 혹은 다른 공산당들의 운영자들은, 국가독점자본주의론에서 출발해, 많은 수의 자칭 '구체적 분석들'('프랑스의 사회 계급들'에 관한 것이든, '필요/욕구'에 관한 것이든, 대학/학계에 관한 것이든, 과학, 즉 '과학기술적 혁명'에 관한 것이든, 문화에 관한 것이든 등)을 생산해냈다. 이러한 시도들에는 물론 참[진리] 또한 존재하고 있지만, 이는 진정으로 이론적인 연구들은 전혀 아니다. 이를 증명하는 것은, 각자가 이미 알다시피,

혹은 각자가 이미 의심하다시피, 아이들 장난처럼 쉬운 것이다. 이를 보여주는 것들의 목록은 매우 긴데, 그중 CDLP[42]의 예를 들어보자. 만일 CDLP가 난관에 봉착했다면, CDLP의 조악한 책들이 잘 팔리지 않는다는 사실은 CDLP가 난관에 봉착했다는 사실을 적나라하게 드러내준다는 점에서 영 쓸모가 없지는 않은 일일 것이다. 이 책들은 진지하게 사고하는 이들 어느 누구의 관심도 끌지 못했으며, 팔리지 않아 현재 창고에 가득 쌓여 있다.

다른 여러 예들 가운데에서도, 이러한 공공연한 실패는 우리가 취해서는 안 되는 길이 무엇인지를 명백히 보여주고 있다. 어느 한 이론을 구체적인 것에 단순히 **적용한다**는 길 말이다. 이 지점에서 나는 그 원리가 잘못된/거짓된[fausse] 이론 혹은 왜곡된[faussée] 이론에 대해서만 말하는 것이 아니라, **참된**[vraie] 이론을 포함해 전반적인 이론 그 자체에 대해 말하고 있는 것이다.[43] 만일 당신이 참이라고 전제된 마르크스주의 이론을 취해 이를 구체적인 것에 적용하기로, 그리고 이러한 '적용'에서 구체적인 것 그 자체의 진리가 생산되기를 기대한다면, 당신은 영원히 기다려야만 할 수도 있다. 왜냐하면 이러한 **적용**이라는 작업/작용[opération]은 우리가 **마르크스주의 이론 그 자체에 관한** 완전히 **잘못된/거짓된** 관념을 갖게 된다는 점을 전제하기 때문이다.

만일 당신이 이 구체적인 것을 인식하기 위해 이 구체적인 것에 선재하는 하나의 이론을 적용한다면, 필연적으로 당신은 이론이 (이 이론에의 **적용**에서 당신 자신이 기대하는 척하는) **구체적인 것의 진리**를 이미 자기 자신 안에, 맹아의 형태로라고 할지라도 어쨌든 **원리적으로**, 포함하고 있다는 점을 전제하고 있는 것이다. 그리고 만일 당신이 이러한 위치/입장을 수용하고 이 위치/입장을 일반화한다면, 이는 마르크스주의 이론이 그 자체 안에 그리고 이미$^{d'avance}$ '구체적인 것'이라는 형태하에서 세계에 제시될 수 있는 모든 것의 진리를 이론적 형태하에서 소유하고 있다는 점을 전제하는 것이다. 이 지점에서 나는 소피스트식 비판을 행하고 있는 것이 아니며, 사태를 있는 그대로 말하고 있을 뿐이다. 그리고 위에서 말한 이 모든 과정^{démarche}의 원리는 매우 단순한 것일 뿐이다(비록 대부분의 경우 이 과정이 바로 자기 자신이 행하는 기만을 은폐하기 위해 극도로 복잡한 형태들을 취하긴 하지만 말이다). 만일 마르크스주의 이론이 사전에 이미 모든 구체적인 것의, 다시 말해 모든 구체적 상황들의, 다시 말해 역사의 새로운 것과 예측 불가능한 것(그리고 우리는 20년 전부터 지금까지 이 예측 불가능한 것, 상상 불가능한 것을 경험으로 잘 알고 있다!)에서 생산될 수 있는 모든 것의 진리라면, 이는 마르크스주의 이론이 '과학적 특징을 지니는' 혹은 '조작적 성격의^{opératoire}' 하나의 이론(무슨 단어로 표현하든 중요하지 않다)이 아니라, 모든 것을 **절대적으로 사전에 미리**$^{absolument\ tout\ d'avance}$ 알고 있는 하나의 절대적 철학(왜냐하면 이 절대적 철학은 자신이 말하고자 하는 바를 잘 표현하는 아리스토텔레스의 정식[44])을 따르자면 '제1원리들과 최종적 원리들의 과학'이기 때문이다)임을 의미한다.

만일 우리가 다음의 두 가지를 제대로 사고하고자 한다면, 이러한 주장의 부조리함은 명확히 드러난다. 우선, 인간들이 살아내는 것이며 또한 그 안에서 인간들이 반응하고, 봉기하거나 종속되고, 행동하거나 체념하는 것인 '구체적인 것'은 항상 변화하며 절대로 두 번 반복되지 않는다. 이는 심지어 이 변화를 설명하기 위해서 어떠한 거대한 안정성을 원용할 때조차 이 변화에 관해 연구하는 역사학자들이, 그리고 평범한 인간들이 잘 인식하고 있는 하나의 기초적 진리이다. 동일한 태양이 아침마다 떠오르며, 신체는 [중력에 의해] 항상 같은 방식으로 떨어지고, 피는 (병리학적 문제가 없는 한) 항상 동일한 혈관으로 순환한다 등등. 하지만 사회적 삶에는, 부동의 역사 속에 존재했던 거대 제국들이 누렸던 거대한 안정성조차도 포함하여, **항상 변화하고 있는 무언가가 늘 존재한다.**[45] 어쨌든 만일 우리가 (거의 아무런 변화도 없이 그 상태 그대로 재생산되는) 몇몇 생산양식들의 부동성, 그리고 이 몇몇 생산양식들에서 유래하는 사회들의 부동성에 대해 논할 수 있다면, 최소한 **우리가 이미 인식하고 있는 사회 내에서,** 자본주의적 생산양식[에서], 모든 것이 항상 변화하고 있다[는 점은-편집자] 명확하다.

이러저러한 기술적 발명이 이러저러한 생산의 물질적 토대를 변화시키거나(예를 들어, 증기기관에서 전기에너지와 화학에너지로 전환한, 제트기나 로켓과 같은 교통수단), 새로운 물질적 토대(석탄과 그 파생물들을 대체하는 석유와 그 수많은 파생물들, 완전히 새로운 커뮤니케이션 형태를 창조하고 컴퓨터를 통해 생산과정의 세부 지점까지도 조직할 수 있게 해주는, 그리고 놀랍도록 복잡한 상황에서 생산물의 유통과 판매를 예측할 수 있게 해주는 수단으로서 전자 장치들)를 창조한다. 하지만 무엇보다도 생산의 재생산 형태들은 여기에서 항상 '확대'되며(자본주의는 항상 자신의 위기 속에서 자신의 새로운 도약을 위한 것을 다시 취하는데, 제국주의의 가장 심각한 위기들에 대한 해소의 전형적 형태인, 전쟁[양차 대전]을 포함한 1929년의 대불황이 그 예이다), 이 확대 재생산의 형태들은 **기술적 형태들**이 전혀 아니다(만일 그렇다면 우리는 이러한 기술적 형태들의 확대의 필연성을 전혀 이해하지 못할 것이다). 대신 최종 심급에서 이는 세계의 정치적 억압에서 해방된 국내 노동자계급과 인민을 공격하는 국내적이면서도 세계적인 제국주의 부르주아지의 **계급투쟁의 형태들**이다.

그러므로 **구체적인 것, 그것은 변화하는 것**(최소한 우리 사회에서는 말이다)일 뿐만 아니라 **전속력으로 그리고 점점 더 빨리 변화하는 것**이기까지 하다. 우리의 시대가 속도의 시대라는 사실은 부르주아 계급투쟁의 필요성과 관련되어 있다. 잉여가치를 가능한 가장 많이 착출extraire하기 위해 자본을 가능한 가장 빨리 유통시켜야 한다는 필요, 잉여가치를 가능한 많이 배가시키기 위해 자본의 여러 분파들의 유통 시간을 최소한으로 줄여야 한다는 필요, 잉여가치를 가능한 가장 많이 착출하기 위해 노동과정의 작업 속도를

가속화시킬 필요, 그리고 기계에 투자된 자본에서 잉여가치를 최대치로 실현시키고 이 기계를 교체해야 하는 시기 바로 직전까지 (즉, 경쟁이 더욱 값싸고 더욱 생산성이 높은 등등의 새로운 기계들을 시장에 던져놓기 직전까지) 최대한 철저하게 이 기계를 사용해야 할 필요. 심지어 문학의 주제 혹은 개탄의 주제가 되기까지 한 우리 시대의 속도는, 최종 심급에서 (고속도로에서 속도가 제한되는) 자동차, 그리고 비행기 혹은 로켓과 관계된 것이 아니라, 자본주의적 계급 투쟁에 의한 착취의 증가와 한 몸을 이루는 자본의 확대 재생산 주기 자체의 가속화—이는 노동과정의 작업 속도, 노동의 분할과 조직화, 그리고 노동력의 마모 속도에 대항하는, **온전히 홀로 작동하는 이 과정에서** 직접적으로 이끌어내진 노동자계급의 투쟁에 그 모든 존재 의미를 부여한다—와 관계된 것이다.

그러므로 만일 모든 것이 변화한다면, 만일 구체적인 것이 변화하는 것이라면, 변화하는 것 그리고 앞으로 변화할 것에 관한 진리 전체를 자기 자신 안에 이미par avance 소유하고 있다는 어느 한 이론의 주장은 완전히 터무니없고 부조리한 것이라는 점은 매우 명백하다. 더욱이 만일 결국 구체적인 것이 변화하는 것이라면, 이 구체적인 것이 변화하는 이유는 우리가 단순히 변화하고 있는 모습을 '보고' 있는 모든 것이 변화하고 있기 때문이어서가 아니다. 이러한 언급은 마르크스주의 이론에 대한 잘못된/거짓된 관념에 맞서 싸우기 위해 가장 중요한 것이다. 이 언급이 가장 중요한 이유는 다음과 같이 말하는 마르크스주의자들을 쉽게 만날 수 있기 때문이다. "당연하게도 마르크스주의는 자신의 대상에 대한 진리를 사전에 소유한다고 주장할 수 없다. 왜냐하면, 마르크스주의 이론의 대상이 본질적으로 '역사적'이라는 사실로 인해 마르크스주의 이론은 자신의 대상을 사전에 인식할 수 없으며, 또한 마르크스주의 이론 자기 자신을 자신의 대상의 **역사적** 특징caractère historique에 종속시킴으로써만이, **이론으로서의 자기 자신에게 역사적 특징**(이 역사적 특징은 마르크스주의 이론 자신이 먼저 자신의 대상에 대한 절대적 진리라는 주장을 가지고서 자신의 대상을 배반하지 못하게 해줄 뿐만 아니라 이러한 위험을 경고함으로써 이 대상을 진정으로 이해할 수 있게 해주는 것이기도 하다)**을 부여함으로써**만이 이 대상을 인식할 수 있기 때문이다. 이렇게 이해된 마르크스주의 이론은 **자기 자신에게** 자신의 대상에 대한 예방적 특징, 즉 역사적 특징을 **부여함으로써만이** 이러한 위험을 경고할 수 있게 된다."[46] 자, 바로 이것이 마르크스주의 이론에 대한 **역사주의적** 해석이며, 또한 그람시라는 이름이 결부되어 있는 '절대적 역사주의'로서의 마르크스주의에 대한 해석이다.[47]

1장 《무엇을 할 것인가?》에서 '무엇'

(RF)

2장

안토니오 그람시의 절대적 경험주의

절대적 경험주의라는 이러한 개념화가 지니는 이점은 구체적인 것에 대한 인식을 (구체적인 것에 대한 인식 혹은 그 인식의 원리를 사전에 이미 소유하고 있는) 철학적 '이론'의 단순한 '적용'으로 개념화해버리는 매우 심각한 위험을 분명 피할 수 있게 해준다는 것이다. 그람시를 적극적으로 참조함으로써, 그리고 그람시의 사유를 '절대적 역사주의'로 '변형travaillant'함으로써, 톨리아티Togliatti[1]를 필두로 한 이탈리아 공산당이 (가장 '구체적'인 이론과 정치 모두에서 바로 스탈린주의적 편향의 여러 형태들 중 하나를 정의하는) 하나의 절대적 이론에 대한 적용으로서의 구체적인 것에 대한 진리를 개념화하는 것과는 매우 상당한 정도로 거리를 두기 시작할 줄 알았다는 점은 명백하다. 그람시에 대한 이러한 공식적인 활용을 고려하지 않고서, 그러니까 제1차 세계대전 바로 직전 영어의 몸이었던 몇 해 동안 자신의 당인 이탈리아 공산당 지도부의 경향들tendances에 맞서 (진리와 그 '적용'이라는 이 이탈리아 공산당 지도부의 도그마주의와 단절하는 새로운 마르크스주의 이론에 대한 하나의 개념화를 제안하기 위해) 거의 홀로 싸울 줄 알았던 이탈리아의 국민 정치 지도자 그람시의 사상을 활용할 수 있었다는 이러한 행운을 고려하지 않고서, 스탈린주의적 이데올로기와 실천들이 오래전부터 지배하고 있는 세계에서 그 심원한 독창성을 지녔던 (제1차 세계대전 이후의) 이탈리아 공산당의 역사를 이해할 수는 없을 것이다. 우리는 그람시에게서 **역사주의**가 반反도그마주의의 하나의 비규정적 형태라고 말할 수 있다.

나는 '하나의 비규정적 형태'라고 표현한다. 왜냐하면 도그 마주의는 여러 가능한 대립물들을 가지고 있고, 역사주의는 이 가능한 대립물들 중 하나에 불과하기 때문이다. 게다가 역사주의는 비규정적, 다시 말해 역사주의가 거부하는 바에 의해서만 [부정적인 방식으로] 견고한 상태를 유지하며, 대신 이 역사주의가 [실정적인 방식으로] 주장하는 바에 의해서는 취약한 상태를 유지하기 때문이다. 그러므로 '하나의 비규정적 형태'라고 표현하는 이유는, 이데올로기적이고 정치적인 이점들과 함께 마르크스주의 이론에 대한 역사주의적 해석의 이론적 취약점(그러므로 잠재적으로는 이데올로기적이고 정치적인 이론적 취약점) 또한 인지하도록 만들기 위해서이다. 왜냐하면 역사적인 것의 이곳과 저곳 모두에서 **구체적인 것은 역사적인 것**이라고 말하기 위해 우리가 **구체적인 것은 항상 변화한다**고, **역사를 변화와 동일시한다**고 말할 때, 우리는 **단순한 변화로만 간주된 역사**라는 매우 빈약한 관념의 함정 속에 빠지기 때문이다. 역사가 변화이고, 변화일 뿐이라는 주장은 사실이 아니다. 역사 내에는 상대적으로 안정적인 구조들이 존재하며, 이 구조들은 이 구조들에 영향을 미치는 변화들 아래에서 오랜 기간 지속된다. 그리고 우리는 심지어 더욱 멀리 나아가, 이 변화들이 이 안정적 구조들의 변화들일 뿐만 아니라 이 안정적 구조들에 **의해** (이 안정적 구조들의 무의미한 표현으로서가 [아니라-편집자] 이 구조들의 안정성을 생산하고 재생산하는, 그 변화의 수만큼이나 많은 수단들로서) 생산되는 것이라고 간주할 수 있다.

　　바로 그래서 마르크스는 자본주의적 생산양식—이 자본주의적 생산양식조차 쉼 없이 그리고 점점 더 빨리 자신의 생산력을 '혁명화'하며,[2] 놀라울 뿐만 아니라 점점 더 가속화되는 속도로 생산한다—은 **자본주의적 생산관계**[3]**라는 상대적으로 안정적인 하나의 구조**의 기반 위에서만이 이해 가능하다는 점을 우리에게 보여주었다. 그런데 바로 여기에 다음과 같은 역설이 존재한다. 이러한 안정적 구조는 적대적이라는 역설, 이 구조는 계급들을 계급들로 분할하는, 그리고 자본주의적 사회구성체들의 역사에서 일어나는 모든 변화들이 (극단적인 경우 우연에 속할 수도 있는 세부 지점이 아니라 그 본질상) 자본주의적 착취 계급의 관계라는 안정적 구조, 즉 사회 전체를 생산수단을 소유한 계급과 자신의 노동력을 판매하는 계급이라는 근본적인 두 개의 계급으로 갈등적으로 분할하는 안정적 구조를 영속화하는 수많은 방식들이라는 점을 이해할 수 있게 해주는 적대의 구조라는 역설 말이다. 그리고 우리가 마르크스에게 빚지고 있는 관점들이 지니는 매우 탁월한 점은 이러한 적대적 구조가 **자기 자신의 안정성을 영속화하는 수단으로서 자기 고유의 적대적 항들**termes**의 변화를 생산한다는 조건하에서만 이 동일한 구조 그 자체로 안정적으로 남아 있을 수 있다**는 점이다.

　　바로 이 때문에 자본주의적 생산양식의 역사가 존재한다.[4]

그리고 이 역사는 무엇보다도 착취와 계급투쟁의 수단들과 형태들의 역사이며, 동시에 처음부터 적대적 관계 내에 존재하고 있는 계급들의 변형(변화)의 역사이기도 하다. 또한 바로 이 때문에 부르주아지는 자신에게 의존하는 계급 분파들 내에서의 일련의 모든 연속적 변화들을 이끌어내면서 자신들 사이의 '경쟁 상태concurrentielle'를 통해 독점적이고 제국주의적인 성격의 것으로 변화한다. 또한 바로 이 때문에 노동자계급은 끊임없이 점점 더 많은 잉여가치를 착출하는 수단들에 의해 변형됨으로써 변화하게 된다. 바로 이 때문에 적대적인 두 계급 사이의 중간지대(도시와 지방의 소부르주아지의 중간지대)에서 그 경계들이 상당 부분 중간계급들이라는 영역 안에서 이동하며 이 경계가 피고용자salariat 혹은 노동자계급으로까지 떨어지기도 하는 것이다. 또한 바로 이 때문에 부르주아지의 계급투쟁은 노동자계급의 투쟁이라는 저항에 따라 자신들의 전략과 수단, 형태들을 변화시키는 것이다.

우리가 이런 마르크스의 관점(게다가 진정 마르크스 이외에 그 누가 우리에게 이 현상들 전체를 제대로 이해할 수 있게 더 나은 관점을 제시해주었는가?)에 도달하게 되었을 때, 우리는 더 이상 역사주의 안에 있지 않다. 우리는 역사를 단순한 변화로 정의하지 않으며, 더욱이 역사를 이 역사에 대한 관점들의 변화로 정의하지도 않으며, 하물며 역사를 역사에 관한 관점들 전체의 총합으로 정의하지도 않는다(역사주의의 논리 내에서 이 역사에 관한 관점들을 모두 더해 그 합을 말해줄 수 있게 해주는 이는 도대체 누구란 말인가?). 물론 우리는 역사를 변화를 따라 정의한다. 하지만 이러한 안정적 구조의 재생산을 위한 조건과 수단(하나의 안정적 구조에 의해 생산된)으로서 정의한다. 그러므로 변화는 형태 그 자체―바로 이 형태에 의해 상대적으로 안정적인 구조, 즉 생산양식이라는 구조는 재생산된다―로서만 나타나게 된다.

이 조건들 내에서, '구체적' 변화를 '구체적으로' 이해하기 위해, **무엇보다도 먼저** 이 안정적 구조를 이해하고 정의하는 데에 이르러야만 한다. 왜냐하면 이 구조의 안정성이라는 조건들만이 이 구조로 하여금 이 변화 그 자체 아래에서^{sous}, 이 변화 그 자체 안에서^{dans}, 이 변화 그 자체에 의해^{par} 영속될 수 있게 해주는 것으로서 이 변화를 이해할 수 있도록 해주기 때문이다.

사태는 이해하기에 그다지 복잡하지 않다. 만일 (착취의 핵심인) 잉여가치에 대한 강탈^{extorsion}이 적대적 계급투쟁의 어떠한 한 관계에서 일어난다면, 이러한 착취를 유지시키기 위해서는, 그러니까 계급투쟁의 대립 **안에서** 자본주의적 생산관계의 안정성을 영속시키기 위해서는, 우리가 이러한 대립의 결과들과 정면으로 마주해야만 하며 또한 계급투쟁의 형태들이 변화해야 한다는 점을, 그러니까 현존하는 계급들 또한 변화해야 한다는 점을 우리 모두는 이해할 수 있을 것이기 때문이다. 바로 이것이, 착취와 계급투쟁의 변형된 형태들하에서 자본주의적 생산양식의 적대적 구조가 상대적으로 안정적인 것으로 남아 있다고 하더라도(이 착취와 계급투쟁의 변형된 형태들은 자본주의적 생산양식의 안정성을 영속시키기 위해 끊임없이 변화한다), 이 자본주의적 생산양식의 역사가 존재하는 이유이다.

우리는 마르크스가 이러한 안정성을 강력히 표현하기 위해 생산양식의 '영원성'에 대해 말한 적이 있다는 것을 알고 있다.[5] 하지만 우리는 자본주의적 생산양식의 '영원성'에 관해 그렇게 말했던 이 동일한 인물이 노동일의 역사에 관한 것이든 노동력의 변형의 역사(여성 노동과 아동 노동 등등과 관련한)에 관한 것이든 계급투쟁에 의해 요구되고 생산된 역사적 변화들을 우리에게 끊임없이 밝혀내 보여주었다는 점 또한 알고 있다. 이를 통해 마르크스는 우리에게 '구체적인 것'에 관해 말했으며, 노동조건, 노동시간, 노동시간의 이유, 노동시간의 제한을 위한 투쟁에 대한 하나의 '구체적 분석'을 소묘했으며, 왜 부르주아지 자신이 하루에 10시간을 초과하는 노동을 금지하는 법에 찬성함으로써, 그리고 노동자들을 더욱 잘 착취하기 위해 '상대적 잉여가치'라는 방향으로, 다시 말해 생산의 자동화(이 생산의 자동화는 더 낮은 가격으로 가장 많은 수의 생산물을 시장에 던져 넣는 만큼 임금을 낮추는 것 등등을 가능케 했다)라는 방향으로 돌아섬으로써 **전략을 변경**하게 되었는지 소묘했다. 그러나 마르크스는 이러한 '구체적' 변화들에 대한 이 '구체적 분석'을, 이 변화들을 구조의 안정성을 영속화시키는 조건으로 생산했던 상대적으로 안정적인 구조와 연결 짓는다는 조건하에서만 소묘할 수 있었다.

모든 것이 역사적이기 때문에 **'모든 것이 역사적이다'라는 명제** 또한 역사적인지 아닌지, 그리고 이 '역사적'이라는 단어가 무엇을 의미할 수 있는지에 대한(만일 '역사적'이라는 단어가 역사적 의미만을 가지는 것이라면, 그렇다면 결국 우리는 쳇바퀴를 돌고 있는 것이다[6]) 부조리한 문제들 속으로 마르크스주의를 던져 넣는 역사주의[7]에 관한 고유한 철학적 토론으로 진입하고 싶지는 않기에, 나는 이 주장만을 언급하고자 한다. 단순한 용어로 이는 다음을 의미한다. 역사주의는 모든 현실적인 것을 역사적인 것으로 환원하며, 역사주의에는 역사적인 것만이 홀로 존재한다. 이는 모든 인식뿐만 아니라 모든 의미를, 모든 단어를 역사적인 것으로 환원하며, 그러므로 그 어떠한 단어도 우리에게 설명해줄 능력도, 심지어는 우리에게 **말을 해줄** 능력도 없다는 점을 의미한다. 왜냐하면 모든 단어와 모든 의미는 이미 역사적이기 때문이다. 당신은 자전거가 일반적으로 어떻게 생겼는지 잘 알고 있다. 자전거는 두 개의 바퀴를 가지고 있으며, 페달을 밟으면 앞으로 나아간다. 재활 치료실에도 역시 자전거가 있기는 하지만 이 재활 치료실의 자전거에는 바퀴가 없다. 페달을 밟더라도 자전거는 앞으로 나아가지 않는다. **역사주의는 바퀴가 없는 자전거이다.** 당신은 역사주의라는 자전거에 올라타 페달을 밟을 수 있지만 페달을 아무리 밟아도 당신은 그 자리에 계속 머물러 있다. 바로 이것이, 우리가 모든 것이 변화하며 역사는 변화 그 자체이고 모든 것이 역사적이라고 선언할 때 일어나는 일이다.

마르크스주의에 관한 역사주의의 이러한 철학적 해석이 아무런 결과도 산출하지 않을 것이라고 믿어서는 안 된다. 그 어떠한 철학이든 어떠한 한 정당의 이론, 실천 그리고 이데올로기를 살아 숨 쉬게inspirer 하기 위해, 그리고 더욱 강력한 이유로는 이 자기 자신과 자기 자신의 행위를 통해 인민-대중 속에서 퍼져나가기 위해, 개인적이기를 멈추는 그 순간에서부터 시작하여, 결과를 산출해내게 된다. 이론적, 실천적, 이데올로기적 그리고 마지막으로는 정치적 결과들을. 나는 단 한 순간도 이를 통해 철학이 역사의 동력이라는 점을(비록 공산당의 개입이 존재한다고 할지라도) 주장하고 싶지 않다. '역사를 만드는' 것은 항상 광범위한 대중이다.[8] 하지만 대중의 경험은 정치적 노선, 구호, 행동과 조직화의 양태들이라는 형태하에서 대중에게서 자신이 받아들였던 바를 대중에게 돌려주는 당에 의해 다시 모이고regroupée 분석되고 종합된다. 그리고 바로 [대중의] 경험들에 대한 분석과 종합이라는 **이 계기 속에서**, 매우 정확히 말해 지도부가 이끄는 당 전체에 의해 집합적인 방식으로 모아진 이 경험들에 대한 **분석이라는 계기 속에서**, 철학, 그러니까 이 경우에는 마르크스주의로부터 주어지고 받아들여진 해석[으로서의 철학]이 개입하게 되는 것이다. 매우 정확하게 바로 이러한 과정으로 인해 역사주의는 이론적이고 실천적인 결과들을 가질 수 있게 된다.

역사주의에게는 모든 것이 역사적이기 때문에, 역사주의는 마르크스주의적 전통이 인지하고 있는 현존하는 모든 현실적 차이들을 결국에는 '역사'라는 단 하나의 것 앞에 놓이도록 만드는 방식으로 서로서로를 환원[축소]시키는 경향이 있다. 우리는 마르크스주의 이론('역사유물론')을 철학으로, 철학을 정치로, 정치를 역사로 환원하는 경향이 있는 그람시에게서 이를 매우 명확히 발견할 수 있다.[9] 인지된, 그리고 중대한 차이들을 말소해버리는 경향이 있는 이 일련의 연속적 환원들을 통해, 마르크스주의는 정말 역사(이 역사가 바로 현실적인 것이다)로 환원되는 것이 아니라, 역사에 관한 하나의 철학으로, 모든 차이들에 대한 유일한/독특한 unique 진리로서 역사적인 것에 대한 철학으로, 즉 '절대적 역사주의'로 환원된다. 분명 매우 중대하면서도 증상적인 결론들이 여기에서 따라 나오게 된다.

예를 들어, 그람시에게서 역사유물론은 '말소gommé'되는 경향이 있는데, 여기에서 이 말소는 '프락시스의 철학'이라 불리는 마르크스주의 철학으로의 환원을 의미한다. 이는 분명 그람시가 역사유물론 전체를 제거한다는 점을 의미하지는 않는다. 하지만 예를 들어(이 예는 [그 자체로] 우리에게 매우 많은 것을 말해주는 사실인데), 명백히도 그람시는 '하부구조'에 관한 이론이 될 수 있는 바에 대한 매우 정확한 관념을 가지고 있지 않다. '하부구조'에 관한 이론은 그의 저술들에 있는 몇몇 암시들을 제외하면 사실상 존재하지 않는다. 하부구조가 사라지면 '상부구조'만 남게 되며, 그람시가 상부구조의 현상들, 즉 국가 그리고 이데올로기들에 제대로 관심을 쏟았던 첫 번째 이론가였다면 이는 우연이 아닌 것이다. 하지만 하부구조는 무대 뒤에 버려지고 무대 위에는 상부구조만이 홀로 남게 된다면, 상부구조가 하부구조와 맺는 관계들rapports—이 관계들은 상부구조가 하부구조의 재생산 내에서, 그러니까 생산관계의 재생산 내에서 결정적 역할을 수행한다는 점을 설명해준다—에서의 상부구조의 존재와 역할을 설명하는 유기적 관계들liens은 그 현실 전체에서 진정으로 성찰되고 사고되지는 않은 것이다.

그러므로 그람시에게서 상부구조는 하나의 환영적 존재를 끌어온다. "이건 원래 그러합니다. 국가가 **있고**il y a, 법이 **있고**, 이데올로기들이 **있습니다.**"[10] 우리는 왜 상부구조가 있는지 거의 혹은 전혀 알 수 없다. 이 상부구조에 대해 우리가 할 수 있는 모든 것은 이를 묘사하고 이 상부구조의 기능을 그 발현manifestation의 수준에서 분석하는 것이다. 마치 이 상부구조가 상부구조를 하부구조와 연결시키는 숨겨진 관계들liens에 의해 지배되지는 않는다는 듯이.

게다가 바로 이것이 그람시가 하부구조와 상부구조 사이의

위와 같은 구분을 명시적으로 싫어하는 이유이다.[11] 그는 이 점을
자기 자신의 용어들을 통해 말한다. 그는 하부구조와 상부구조
사이의 구분을 기계론적이고 '형이상학적'인, 다시 말해 분리되어
있지 않은 현실들을 인위적으로 분리하는 하나의 구분으로 간주
한다. 그래서 그람시는 부하린의 기계론적 **교과서**[12]의 이러한 구
분을 개나 소나 다 그렇게 할 수 있었듯 가볍게 비판할 수 있었으
며,[13] 그에게 이보다 더 쉬운 일은 없었을 것이다. 하지만 이를 통
해, 그리고 이 부하린의 교과서에 들어 있는 조악한 왜곡들을 핑
계 삼아, 그람시는 사실상 그 자신이 욕망하는 바를 행한다. 그람
시는 목욕물과 함께 아이까지 내다 버리며, 그는 부하린의 기계
론적 해석들을 제거함으로써 자신에게는 적절하지 않은 하부구
조와 상부구조 사이의 구분에서 스스로 벗어나버린다. 일단 이러
한 구분에서 스스로 벗어나버리자마자, 그람시는 상부구조, 다시
말해 [하부구조라는 짝을 가지지 않은] 상부구조 하나만의 즐거
움에 풍덩 빠질 수 있게 된다. 아무것도 존재하지 않고 상부구조
단 하나만 존재하는 곳에서.

　　그러므로 이 상부구조가 그람시에게서 환영적 존재를 이끌
어낸다는 점에 놀랄 것이 전혀 없다. 그람시가 상부구조의 중요
성에 관해 강조했다는 사실, 상부구조가 하부구조에 침투한다는
점을 (수줍은 방식이긴 하지만) 암시했다는 사실은 분명 매우 중요하
다. 하지만 이러한 '침투'의 통일체unité가 (비록 묘사되었다고는 하더

라도) 진정으로 사고된 것은 아니며, 심지어 이러한 침투 그 자체가 상부구조가 **어느 또 다른 것 안으로** 침투했는지를 제대로 알지 못한 채로 **상부구조의 관점**에서 사고되었다. 도구와 생산수단으로 이해된 '생산력 발전', 그리고 여기에서 인간은 동시에 '가장 귀중한 자본(!)'[14] (경제주의=인간주의), 그러니까 하부구조의 한 요소로 선언되었던 '생산력 발전'이라는 이름으로 스탈린주의적 정책이 진행되었던 시대에, 상부구조에 대해, 국가의 역할, 특히 정치의 역할에 대해, 스탈린주의적 정치에 대립하는 정치의 역할에 대해 그람시가 강조했다는 사실은 중요하다. 바로 이 지점에 그람시가 스탈린의 이론적이고 정치적인 편향과 (정확히) 동일시했던 경제주의에 대한 그의 비판의 토대가, 그러니까 노동자 운동에 새로운 길을 열어주는 것이 존재하고 있었던 것이다. 그러나⋯⋯

하지만 그럼에도 그람시의 이 상부구조, 고맙게도 우리에게 스탈린주의적 경제주의에 반대하는 것을 위와 같이 제1의 당면 과제로 명확히 드러냈다는 역사적이고 정치적인 일을 해낸 이 상부구조는 그람시의 이론적 소우주 안의 특이한singulière 존재로 자리하고 있다는 점을 지적하지 않을 수 없다. 사실 그람시가 하부구조를 무시해버리기 시작하자마자, 상부구조는 자기 자신과만, 그러니까 홀로 존재하게 된다. 진정으로 사고된 그 어떠한 것도 더 이상 상부구조를 점점 사라져가는 이 하부구조와 연관 짓지 않게 되었기 때문에, 그람시는 **상부구조를 상부구조 그 자체를 통해**

사고하도록 강제된다. 그리고 어떠한 사태/사물을 그 자체로 사고한다는 것은 **이를 묘사**한다는 것을 의미하며, 또한 어느 정도의 성공과 함께, 하지만 우연을 통해, 묘사된 요소들 간의 상호 접근 rapprochements을 추구한다는 것을 의미한다. 자, 그렇기 때문에 그람시에게는 국가가 **있고**, 법이 **있고**, 이데올로기들이 **있는** 것이다. 왜 여기에 이것들이 존재하는가? 미스터리이다. 무엇으로부터 이것들이 만들어졌는가? 이러저러한 요소들을 통해서. 이 현실들 사이에서 우리는 어떠한 관계를 관찰하고 묘사할 수 있는가? 이러저러한 관계들. 왜 이러한 관계들이 존재하는가? 미스터리이다. **사태/사물은 원래 그러하다.** 끝. 이게 전부이다. 그람시에게 중요한 것은 이 사태/사물에 대한 묘사와 조사, 그리고 이 사태/사물의 요소들에 대한 조사와 상호 접근에서부터 출발해 이 사태/사물을 묘사하고 그 이해를 시도하는 것이다. 그러므로 역사주의는 하나의 경험주의이다. 그리고 역사주의가 하나의 경험주의라는 점은 그람시에게서 매우 명백히 나타난다.

이는 상부구조에 대해 그토록 강조했던 그람시에게서 이데올로기에 대한 이론이 시작[조차]되지 않는다는 하나의 예를 통해서도 확인할 수 있다. 그람시는 이데올로기가 사회를 공고히 구축할 수 있게 해주는 하나의 '시멘트'라고 말하는 것에 만족함으로써 자신의 논의를 더 진전시키지 않는다. 그리고 그람시는[15] 다음과 같은 마르크스의 1859년 서문[16]의 유명한, 하지만 매우 논쟁의 여지가 많은 문장을 반복하는 것에 만족한다. "바로 이 이데올로기 속에서 인간들은 그들의 투쟁에 대한 의식을 획득하고 이 의식을 끝까지 밀고 나간다." 명백히 이데올로기와 관련해 경험주의는 그 무엇도 말해주지 않았다. [경험주의에 따르면 이는] 그저 원래 그러할 뿐이다.

하지만 이는 역으로 지식인 문제의 경우에서도 마찬가지로 확인할 수 있다. 지식인 문제와 관련해, 그람시는 관찰된 요소들 사이의 (강한 의미를 지니는) 하나의 상호 접근을 수행할 수 있었다. 그람시는 마르크스가 말했던 것에 만족하지 않고 마르크스가 말했던 바를 사고했으며 이에 대해 새로운 것들을 말했다. 일반적으로 지식인들은, 다시 말해 주어진 한 사회의 지식인들은 '유기적'이라고,[17] 우리가 너무도 자주 그렇게 믿는 바와 달리 지식인들은 사고하기 위해 사고하는 기능을 가지고 있는 것이 아니라, 이 지식인들 스스로가 대중 속으로 퍼뜨리는 하나의 문화를 조직하고 이 문화의 자기 의식 그 자체가 되는 기능을 수행한다고, 지식인들의 유형은 사회의 형태에 따라 달라진다고 등등. 이는 매우 풍부한 통념들이지만 동시에 전체적으로는 그람시 사상의 (다양한 성격을 띠고 있는) 장 내부에 고립되어버린 통념들이다. 마치 이 지점에서 경험주의가 행복한 우연에 의해, 이데올로기와는 달리 행복한[좋은] 결과를 생산해냈다는 듯이 말이다.

하나의 사상 내부에 고립되어버린 통념들? 완전히 그러한 것은 아닌데, 왜냐하면 그람시가 '지식인들'에 관해 형성했던 관념은 그람시 자신에게서 아주 심원하게 뿌리박혀 있는 또 다른 하나의 관념, 즉 모든 진정한 역사적 '시기'가 자신의 눈앞에 제시해야만 하는 **정상-역사적 통일체라는 유형**type d'unité historique normal에 의존하고 있기 때문이다. 그람시에게 역사는 이 역사가 하나의 '아름다운 총체성'의 상태에 도달했을 때에만(하나의 생산양식이 자신의 정상에 도달했을 때라기보다는 인간들 전체를 하나의 실천과 하나의 윤리, 간단히 말해 하나의 문화의 통일체 내에 결합할 수 있는 능력을 지닌 하나의 진정한 '역사적 블록'이 구성될 때에만) 진정으로 실현되는 것처럼 나아간다.

바로 이것이 '유기적 지식인들'의 역할이 그람시에게서 그토록 중요한 이유이며, 또한 바로 이것이 그람시가 이 유기적 지식인들의 존재를 '발견'해냈던 이유이다. 왜냐하면 이러한 문화의 통일체는 이 문화가 '학자들doctes'[18]의 소유물로 남아 있는 것이 아니라 인민의, 그러니까 거대한 대중이라는 '비속한 이들' 속으로 침투할 때에만 실현되는 것이기 때문이다. 그리고 이러한 확장은 지배적 가치들, 즉 '위대한 이들'의 문화가 지니는 지배적 가치들이 이 가치들 스스로 '비속한 이들'을 받아들이고 승인하고 인지하게 만들 수 있을 때에만 가능한데, 이러한 일이 항상 발생하는 것은 전혀 아니다. 이러한 일이 발생하지 않을 때, 우리는 하나의 **진정한** '역사적 시기', 다시 말해 자신의 헤게모니를 보증할

수 있는 능력과 자기 고유의 관념들을 대중에게 퍼뜨리고 설득함
으로써 대중의 확신을 통해 지배할 수 있는 능력을 가지고 있는
하나의 **참된** '역사적 블록'과 관계하고 있는 것이 아니다. 이러한
일이 발생할 때에야, 우리는 하나의 참된 '역사적 시기'와, 다시
말해 **그렇게 존재해야만 하는 바 그대로의 정상적인**normal '역사적 블
록'과 관계하게 되는 것이다. 그래야만 권력을 차지한 계급은 인
민을 설득함으로써, 인민에게서 허락을 얻어냄으로써, 인민에게
서 자유로운 동의를 얻어냄으로써, 인민에게 이 계급 고유의 관
념들과 착취를, 그러니까 억압을 자유롭게 받아들이도록 만듦으
로써 지배할 수 있게 된다.[19]

　　바로 이 지점에서 '유기적 지식인'이 개입해 들어온다. 왜냐
하면 피지배자들에 의해 자유롭게 받아들여진 지배, 즉 헤게모니
의 이러한 확립, 인민 전체 속에서의 지배적 관념들에 대한 이러
한 확산은 그람시가 **국가의 교육적 역할**이라고 부르는 바 없이는
가능하지 않기 때문이다. 이 관념들과 가치들이 인민에 의해 자
유롭게 받아들여지기 위해서는, 이 관념들과 가치들이 인민의 지
성에 적합한 형태들하에서 교육되어야만 한다. 그러므로 이 관념
들이 인민 내부로 침투하게 만들기 위해서, 즉 (모든 교육적 행위가
결국은 특정한 폭력을 전제한다는 점에서, 인민에게 특정한 폭력을 가하는 것
까지도 포함하여) 이 인민이 이 관념들에 의해 형성/교육되고 주조
될 수 있도록 만들기 위해서, 지배계급하에서 '역사적 블록'의 통

일체를 접합[20]하는 지배계급과 인민에게는 강한 의미에서의 교육자, 강한 의미에서의 학교 선생이라는 것이 반드시 필요하다. 바로 여기에 '유기적 지식인'의 과업이 존재한다. 물론 '역사적 블록'을 시멘트가 그렇게 하듯 공고하게 만드는 '가치들'이 관념들로 환원된다고 믿지는 않는다는 조건에서 말이다. 반대로 '역사적 블록'을 공고하게 만드는 '가치들'은, 생산의 실천에서부터 정치적, 도덕적, 종교적 실천들에 이르는 실천들 전체ensemble이다. 이는 진정한 **구체적이고 보편적인 윤리**이다.

우리는 그람시가 유기적 지식인에 관한 자신의 성찰들을 이끌어냈던 예를 잘 알고 있다. 이 예는 역설적이지만 바로 **교회**이다.[21] 그리고 그람시는 교회가 '지식인들'을 모집하는 것에 관해 (그 탁월한 예로 가난한 농민 출신이 지식인이 되는 것이 있는데, 그 어떤 사회 계층에서보다도 가난한 농민층에서는 사제가 되는 것이 하나의 사회적 지위 향상이다), '학자'와 '비속한 이' 사이의 간극이 생산되는 것을 어떠한 희생을 치르더라도 피하고자 하는 교회의 지속적 노력, 이러한 간극을 예방하기 위해 수도사적 질서를 창조하는 것 등등을 공들여 분석한다. 이는 놀라운 예시인데, 왜냐하면 결국 교회는 하나의 '역사적 블록'이 아니라 항상 어느 정도는 국가적 성격을 지니는de l'État 하나의 이데올로기적 국가 장치이기 때문이다.

하지만 그람시는 혁명을 통해 하나의 '역사적 블록'을 구성하는 데 성공했던, **진정한 교육적 국가**를 스스로 확립하는 데 성공했던, 그리고 헤게모니를 목표로 하는 모든 과업을 위한 일군의 유기적 지식인 전체를 형성/교육하는 데 성공했던 프랑스를, 자신의 부르주아 혁명을 완수할 줄 몰랐던 그러니까 하나의 **진정한** '역사적 블록'을 정초할 줄 몰랐던 그리고 이로 인해 일군의 **진정한** 유기적 지식인들을 가질 수 없었던 이탈리아에 대립시킴으로써, 교회에 관한 자신의 성찰들을[22] 이와 비교 가능한 성찰들, 즉 프랑스 역사와 이탈리아 역사에 관한 성찰들로까지 확장한다. 르네상스 이래로 자신들의 국가에서 멀어졌던 이탈리아 지식인들, 외국에서 정치적인 혹은 다른 종류의 눈부신 경력들을 쌓기 위해 외국의 가장 높은 값을 부르는 입찰자에게 자신들의 서비스를 팔아먹을 준비가 되어 있던 이탈리아 지식인들에 대해 그람시가 가졌던 불만을 우리는 잘 알고 있다. 어느 한 국가가 자신의 인민에게서 하나의 진정한 보편적인 윤리적 통일체를 실현하는 데 실패할 때, 국가는 더 이상 자신의 것이 아닌, 그리고 '코스모폴리스적 지식인'이 됨으로써 더 이상 자기 자신들을 이 국가 안으로 가두지 않게 되는 이 지식인들을 전혀 필요로 하지 않게 된다. 이들은 외국에서 선생으로 일하게 될 것이기 때문이다. 그람시에게 존재하는 이 모든 주제들(대부분의 경우 그람시에게 존재하는 것은 개념이라기보다는 주제[즉 테마]이다)의 통일체에 대해 매우 도식적으로만 성찰해보더라도, 우리는 다음과 같은 여러 가지 놀라운 지점들을 발견하게 된다.

우선 우리는 그람시가 상부구조에 대해서만 말하기 위해 하부구조를 무시했다는 점뿐만 아니라, 더욱이 **생산양식**이라는 마르크스주의적 개념을 **'역사적 블록'**이라는 개념으로 대체하려는 경향 또한 있었다는 점을 발견하게 된다. 만일 생산양식이 상대적으로 **안정적인** 사회-물질적 관계, 즉 두 근본 계급 사이의 적대가 작동하는 장소인 생산관계에 의해 정의되는 것이 사실이라면, 이는 분명히 그람시 자신의 역사주의의 논리 안에 존재했던 것이다. 생산양식이 이 생산관계에 의해 정의되는 것과 달리, 그람시가 제시하는 '역사적 블록'은 완전히 다른 무언가를 환기한다. 바로 윤리적이고 역사적인 통일체라는, (이 통일체가 프랑스에서처럼 생산될 수 있거나 혹은 이탈리아에서처럼 생산될 수 없다는 점에서) 지극히 역사적인 성격의, 단순한 **사건**événement 말이다. 그러므로 '역사적 블록'이라는 개념을 위해 '생산양식'이라는 마르크스주의적 개념을 축소시키는 것은 역사주의의 심원한 경향을 **실현**하는 것이다. 역사주의에 따르면 모든 것은 역사적이고 모든 것은 변화하며, 관념적/이상적idéale 통일체는 실현될 수 있거나 실현되지 않을 수 있다. 이는 역사적인 일이며, 우리는 이 점을 직접 확인한다. 그리고 만일 우리가 그 원인을 찾고자 한다면, 우리는 그 어떠한 고정점 없이 역사의 무한 속으로 내던져진다.

　하지만 그다음으로 우리는, 만일 그람시가 프랑스와 이탈리아에 도달하기 위해 교회에서부터 출발했다면, 만일 그람시가 교회와 교회의 역사 속에서 '유기적 지식인'이라는 자신의 개념을 발견했다면, 이것이 전혀 우연은 아니라는 점을 발견하게 된다. 왜냐하면 이데올로기들의 영역, 국가에서 산출될 수 있는 것으로서 이데올로기적 국가 장치들의 영역(정확히 교회는 국가에 속하는 것이었다), 그러니까 **상부구조**에 속하는 것이 아니라면, 도대체 교회는 어떠한 '영역'에 속하는 것인가 하고 자문해볼 수 있기 때문이다. '비속한 이들'과 절대로 단절되지 않는 법을 그토록 잘 알고 있었던, 그리고 자신의 유기적 지식인들 중 최고의 지식인들을 이 '비속한 이들'에게 진리를 투입하고 설교하고 가르치는 데에, 신의 사랑과 교회에 대한 복종 속에서 이들을 교육하는 데에 활용하기 위해 가장 큰 노력을 쏟았던 (보편적인) 가톨릭 교회에서가 아니라면, 도대체 그람시는 어디에서 완벽하고 보편적인 윤리적 통일체라는 자신의 모델을 가져온 것인가? …… 모든 것이 이데올로기 안에서 발생한다는 것, 그러니까 모든 것이 실천적 삶의 모든 제스처들과 선택들 속에서 발생한다는 것, 이는 (이데올로기가 '관념들'이 아니라는 점을 우리가 알게 되자마자) 너무나도 명백해진다.[23]

하지만 굉장히 놀라운 점은 왜 그토록 교회의 정치를 잘 묘사했던 그람시가 (마르크스주의 사상의 어두운 영역으로서의 종교에 대해 말할 때를 제외하고는[24]) 단 한 순간도 **교회에 관한 이론**을 소묘하지 않았는가이다. 그 이유는 바로 그람시가 이데올로기에 대한 이론을 가지고 있지 않았기 때문이다. 그람시가 이데올로기들에 관심이 없었기 때문이 아니라, 그람시의 역사주의가 그에게서 (그가 하부구조를 무시하기 시작하자마자) [이데올로기 이론에 관한] 질문을 제기할 수 있는 수단을 빼앗아감으로써 이를 제기하는 것을 금지했기 때문이다. 굉장히 놀라운 점은, 왜 그람시가 교회에서, '역사적 블록'으로서 국가 위에 투사해야만 하는 '아름다운 윤리적 총체성'의 (하나의 예시가 아니라) **실현된 본질** 그 자체를 찾고자 했는가 하는 점이다.[25] 이는 하나의 이데올로기적 국가 장치의 통일체와 윤리적 국가의 통일체 사이에서 그람시가 심원한 동일성을 발견했기 때문이며, 또한 **바로 자신의 '유기적 지식인들'에 의해 보증되는 교회의 이데올로기적 통일체가 그람시에게 윤리적 국가의 통일체에 대한 이론적 열쇠를 제시해주었기 때문이다.** 그 결과 그람시에게서 국가는 그 자체로 이데올로기에서부터 사고되었다. 새로운 '역사주의적' 환원인 것이다.

그리고 이에 대한 논의를 마치기 위해 말하자면, 그람시에게서 발견되는 정말로 놀라운 점은 바로 관념적인/이상적인 '역사적 블록'으로서 국가라는, 국가가 자신의 '유기적 지식인들'을 통해 '인민'에게 행사하는 헤게모니에 의해 통합된 하나의 **윤리적 총체성**으로 사고된 그러한 '역사적 블록'으로서 국가라는 개념화이다. 이 '역사적 블록'으로서 국가에서 보편적 동의는 국가와 그 지식인들의 교육적 활동에 의해 보증되며, 이는 인간들[즉 인민]

에게 그들의 심원한 윤리적 변형을 자극/선동provoqueront하고 이들을 이 윤리적 국가의 '시민들'로 만들어주는 관념들과 실천들을 이들에게 주입시키기 위해 행해지는 어떤 특정한 폭력 없이는 가능하지 않다.

이러한 관념적/이상적 형상 속에서(그러니까 이러한 추상화 수준에서), 우리는 계급과 계급투쟁에 관한 것을 전혀 찾을 수 없을 것이다. 하부구조가 무시되었을 뿐만 아니라, 모든 것이 사실상/실천적으로pratiquement 상부구조로 환원될 뿐만 아니라, 상부구조 내에서 국가는 이데올로기로 환원되기 때문이다. 혹은 오히려 그람시가 국가와 관련해서는 이데올로기에 대해 말하기를 좋아하지 않으므로, 그람시에게서 국가는 한편으로는 이러한 **윤리적 통일체**에, 다른 한편으로는 이러한 **윤리적 통일체**가 강제됨과 동시에 동의된다는 사실, 다시 말해 그람시가 **헤게모니**라 부르는 바에 환원된다고 말할 수도 있다.

그러므로 우리는 철학적으로는 **사고 불가능한 것**impensable인 '절대적' 역사주의가 바로 이 지점에서(다른 영역에서는 교회와 국가 등등과 관련하여) 이 '절대적' 역사주의를 뒷받침해주는 철학적 사고, 즉 **규범적인**normative, 그러니까 관념론적인 사고를 **생산**함으로써 자기 자신의 철학적 무능력impuissance을 스스로 고백하고 있다는 결론을 내리지 않을 수 없다. 그람시에게는 교회라는 '모델'이 존재하는 것과 마찬가지로 프랑스라는 모델이, 모델이라는 그 유

genre에 있어서 그에게는 완벽하고 성공적이었으며 게다가 이 두 모델 사이에 동질성을 지니는, 교회와 프랑스라는 '모델'들이 존재한다. 그리고 이와 평행하게, 그람시에게는 이탈리아라는, 하나의 국민nation이 되는 것조차, '자신만의 프랑스 대혁명'을 일으키는 것조차, 하나의 진정한 국가를 가지는 것조차 성공하지 못했던 **비정상적인**anormal 국가로서 이탈리아라는 '대항-모델contre-modèle'이 존재한다. 간단히 말해, 역사 내에도 정상적인 것과 병리적인 것이 존재하는 것이다.[26] 왜? 그람시는 자연스럽게 우리를 다시 역사로, 즉[27] …… 없이, 생산양식 없이, (완전히 …… 공산주의적이었던) 계급투쟁 없이, 물질적 국가도 이데올로기적 국가 장치들도 없이 역사적 소여들의 무한으로 돌려보낸다. 무한으로, 변화를 사고할 수 있게 해주는 안정적인 …… 역사적 소여들의 무한으로, …… 사실[혹은 행해진 것][28]

그리고 이는 역설의 극치인데[29], 이러한 역사주의적인 하지만 규범적인 사유가 그 관념적인/이상적인 …… 도, **그럼에도 실제적인 한 국가의** 그 …… 의 관념적인/이상적인 조건들에도 조응하지 않는, 그리고 경제적, 정치적 그리고 '도덕적'인 개혁들의 …… **통일체를 실현하는**, 그리고 이 역사주의적 사유에도 또한 완전히 제대로 작동하는, 하지만 하나의 [또 다른] '프랑스 대혁명'의 …… 은 아닌 한 국가(예를 들어 이탈리아 국가가 그러한데, 그래서 그람시는 '**수동적** 혁명'에 대해 말하는 것이다)의 …… 들을 교육하는 ……

을 마주하게 되었을 때 말이다.[30]

이는 이 경우에서[이탈리아의 경우에서] 역사가 **역사가 …… 하듯이**[혹은 했듯이] 형성되지는 않았다는 점을 의미한다. [위에서 그람시가 언급했던 '수동적인'] 혁명은 아래에서부터, 그러니까 통합적 역할을 수행하는unificateur 인민의 운동에서부터 도래하는 대신에 위에서부터 도래했으며, 이 혁명은 군주국과 동맹을 맺었던 부르주아지[31]에 의해 …… 속에서 행해졌으며 여기에서 인민은 …… 로 남아 있었다.[32] 여기에서 인민이 …… 라는 점은 전혀 확실하지 않으며, 대신 …… 완전히 역사적인 …… 단순히 역사의 흐름이 이 역사의 흐름이 **그래야만 했었던 것**이 아니었다 …… 이는 역사와 역사가 존재한다는 점을, 그러니까 좋은 역사적인 것과 나쁜 역사적인 것이라는 [두 가지 역사가] 존재한다는 점을 의미한다. 이를 통해 역사주의는 두 개의 역사로 폭발한다. 하지만 이 …… 의 두 조각은 이 두 조각에게 …… 한 하나의 유일한 규범에 속하는데, 우리는 …… 안에서 사유하지 않는 한 왜 그러한지를 알지 못한다.[33]

이 '수동적 혁명'이라는 개념은 그람시에게서 하나의 거대한 외연을 취하게 된다. 그람시는 인민적populaire 리소르지멘토[34]의 …… 와 카보우르Cavour와 군주국 사이에 체결된 동맹에 의한 그 역사적 과업의 독점을 사고하기 위해서만 이 개념을 활용하지 않는다. 그람시는 또한 파시즘과 나치즘[35]에 적용하기 위해서도, 그리고 결국에는, 암묵적으로는 소련과 스탈린에 적용하기 위해서도 이 개념을 활용하는 것이다. 그리고 그람시가 '수동적 혁명'이라는 명명을 통해 무언가 정당한 것을 '건드리고' 있다는 점은 사실이다. 이 독특한singulières '혁명들' 속에 인민의 주도권[이니셔티브]이 부재하고 있다는 점을, 여기에서는 모든 것이 위에서부터 도래한다는 점을, 그러므로 점점 더 강력해지고 자의적으로 변해가는 국가와, 점점 더 자신들의 역사적 운명으로부터 '낯설어지는étrangères' 인민대중 사이의 분리가 지배적이게 되어간다는 점을, 여기에서 어느 한 윤리적 국가의 아름다운 통일체가 지배하는 것을 보는 대신 국가가 대중과 '시민사회'를 (이 대중과 '시민사회'에 그 개혁을 강제하기 위해, 그리고 인간들[혹은 배타적으로 남성들만]을 노동조합과 국가당parti d'État의 강제적이고 인위적인 통일체 속에 조직하기 위해) 외부에서부터 침투해 들어가는 것을 보게 된다는 점을. 그리고 비정상적인 것으로서 '수동적 혁명'이 정상적인 데다 능동적이기까지 한 혁명에 항상 대립해야만 하기 때문에, 그람시는 자신들의 통일체 안에서 비윤리적이고 비보편적인 이 모든 국가들을 또 다른 종류의 능동적인, 그러니까 정상적인, 그리고 바다 건너 루스벨트의 미국, 뉴딜의 미국에서도 동시에 진행되고 있는 혁명의 이미지와 대립시키는 것에서 그리 멀리 떨어져 있지 않다.

'수동적 혁명'에 관한 자신의 명명과 자신이 제시한 그 예들 속에서 그람시가 현실에 대한 무언가를 건드리고 있다는 점은 그

누구도 부정할 수 없을 것이다. 하지만 여기에서 제기되는 질문은 **무엇이 건드려지고 있는지** 그리고 **어떻게 건드려지고 있는지**를 아는 것이다. 이에 관해 우리는 두 가지를 지적하지 않을 수 없다.

우선 우리는, 그람시가 우리가 분명히 비판할 수 있는 하나의 용어, 하지만 그럼에도 마르크스주의 이론 안에서 그 활용을 통해 정당성을 획득했던 용어인 **대항-혁명**contre-révolution[혹은 반혁명]이라는 용어를 거의 전혀 사용하지 않는다는 점을 지적할 수 있다. 동일한 관념들의 질서 속에서[동일한 사유의 맥락 속에서], 우리는 능동적이거나 수동적인 '혁명들'을 통해 역사의 흐름을 사고하는 그람시가 **퇴보**régression라는 현상들도, 심지어는 **지체**retard 혹은 **정체**stagnation와 같은 현상들도 예리하게 파악하지 못하는 것 같다는 점을 지적할 수 있다. 이 두 가지 지적은 동일한 의미를 지닌다. 즉 역사에 관한 좋은/선량한bonne 관념론적 철학 안에서 사고하는 그람시에게 역사의 흐름은 사전에 이미 그 방향이 정해져 있다는, 역사는 하나의 의미/방향sens을, 그러니까 하나의 종말/목적fin을 가진다는 점을 말이다. 부하린이 집필한 **교과서**의 기계론에 대한 그람시의 모든 비판은 자기 자신을 기계론에서 멀찍이 떨어뜨려 놓았으나, 결국에는 이것이 자기 자신을 종말목적론finalisme에 접근하도록 만들어버렸다. 그리고 만일 우리가 이에 대한 놀라운 지표를 원한다면, 다음을 말할 수 있을 것이다. 바로 그람시가 종말목적론에 접근했기 [때문-편집자]에, 그가[36] 1859년

《정치경제학 비판을 위하여》의 서문[37]에 등장하는 마르크스의 (관념론적이라는 점에서) 부조리한 두 가지 문장으로 **끊임없이 회귀**하는 것이라고. "하나의 생산양식은 이 생산양식이 자신의 생산력의 모든 원천[에너지]을 소진해버리기 이전에는 절대로 소멸하지 않는다"와 "인류는 그 자신이 해결할 수 있는 과업만을 제시한다"라는 두 가지 문장. **문자 그대로는 아무것도 의미하지 않는**, 그리고 마르크스에게서 하나의 역사철학이 잔존하고 있다는 점만을 드러내주고 있을 뿐인 이 두 문장에서 그람시는 역사에 관한 마르크스의 사유의 이론적 토대와 시금석을 보고 있는 것이다……!

그러므로 우리는 왜 그람시가 모든 역사를 자신의 규범적 관점에서 단 하나의 유일한 범주, 즉 혁명이라는 범주하에서만 사고하는지, 그리고 왜 그람시가 (자기 자신 안에 하나의 참된 윤리적 국가의 전제와 약속을 포함하고 있는) 능동적 혁명이라는 형태하에서**나** (비윤리적인 하나의 나쁜 국가에서 행해지는, 그리고 시민들 사이의 하나의 진정한 문화적 통일체를 생산하지 않는) '수동적 혁명'이라는 형태하에서**나** 이 양자택일 속에서 역사를 사고하는 것 말고는 다른 자원을 전혀 가지고 있지 못한지를 이해할 수 있게 된다.

하지만 능동적 혁명이라는 통념과 명백히 상관적인(물론 그람시는 능동적 혁명이라는 형태로 이 표현을 사용하지는 않는다) '수동적 혁명'이라는 이러한 통념은, 그람시에게 역사의 본질이 혁명의 정상적인 혹은 비정상적인 형태들을 통한 **활동**activité(그것이 활동의 현존이든 활동의 부재이든)이라는 점을 명확히 보여준다. 이는 (물론 최종적인 수준에서) 인민대중의 활동 혹은 비활동에 대한 것이며, 그람시의 사상에 그 진보주의적인, 게다가 인민주의적인populiste 성격을 부여해주지만, 어쨌든 이는 결국 활동에 대한 것이다.

그런데 바로 이 무매개성/직접성immédiateté의 수준에서, 그러니까 바로 이 추상성의 수준에서 역사의 '본질'을 표현하기 위해 마르크스는 피히테적인 비판적 영감을 받은 청년기 텍스트들에서, 그리고 그가《독일 이데올로기》에서 옹호하는 역사에 관한 경험주의적-유물론적 철학에 관해서 그랬던 것을 제외한다면, 전혀 **활동**에 대해 언급한 적이 없다. 여전히 이 [무매개성/직접성, 그러니까 추상성의] **수준에서** 역사의 '본질'을 지시하기 위해 마르크스에게 적합한 용어를 지시해야 한다면, 이는 어떠한 의심의 여지도 없이 바로 **실천**이라는 용어일 것이다. 그런데 그람시를 그토록 매혹하는 활동은 바로 실천 그 자체의 **내적 진리**이다. 모든 실천 안에는 활동이 숨겨져 있다. 누구의 활동? 물론 명백히 개인들, 그러니까 '인간들'의 활동이다. 바로 이 때문에 활동의 관념론이 완전히 자연스럽게 그리고 직접적으로 '역사를 만드는 인간들'[38]이라는 관념론에, 개인들(《독일 이데올로기》에서[39] '자기들 스스로로부터 출발하는' 것을, 행동하는agir 것을, 게다가 이 [행동하는agir이라는] 용어의 그 모든 의미에서 행동하는 것을, 소비재를 생산하는 것을, 정치적으로 행동하는 것을, 도덕적으로 행동하는 것 등등을 우리가 보게 되는 이 개인들)의 활동이라는 관념론에 준거하는 것이다. 이러한 조건 속에서 **인간주의**의 주요한 주제를, 그리고 **'절대적 역사주의'**와 **'절대적 인간주의'** 사이의 형식적으로 확인된 동일성을 발견한다고 해서 놀랄 것이 전혀 없다.[40] 그람시가 올바르게 사고하지는 못했지만 최소한 자신이 잘못 사고하는 바를 어쨌든 일관된 방식으로 사고했다는 점은 인정해주어야 한다. 이는 텍스트를 독해할 줄 아는 이들[즉 무엇이 올바르게 사고하지 못한 것이고 무엇이 일관되게 사고한 것인지 판가름할 수 있는 이들]이 선사할 수 있는 가장 커다란 상찬이다.

그러나 여전히 이 '수동적 혁명'에 관해서, 그리고 그람시의 눈에 본질적인 개념으로 보였던 이 개념[알튀세르의 관점에서는 통념]의 도입이 야기하는 결과들에 관해서 이야기하자면, 우리는 또 다른 지적을 할 수 있을 것이다. 만일 그람시가 실재적인 무언가를 건드렸다면, 그는 **어떻게** 이것을 건드린 것일까? 바로 이 지점에서 우리는 그람시에게 가장 크게 실망하게 된다. 왜냐하면 그람시는 역사에 관한 하나의 규범적 철학이라는 덮개 아래에서 순수하게 **표면적인 묘사들**만을 제시하기 때문이다. 이 점을 정확히 이해하자. 인식의 어떠한 요소를, 그리고 특히 지표들과 증상들(이 증상들과 지표들을 제대로 분석한다는 조건하에서 우리를 현실적인 인식의 문턱으로까지 인도해줄 수 있는)을 포함할 수 있는 표면적인 것을 깔봐서는 안 된다. 하지만 주어지는 바로서 표면적인 것은 표면적인 것일 뿐이다. 인민대중으로부터 도래하는 혁명들, 그리고 역설적으로 지배계급에 의해 형성된 다른 혁명들이 존재한다는 점을 관찰하는 것이 도대체 무슨 소용이란 말인가?[즉 이러한 관찰은 아무런 쓸모가 없다] 혁명이라는 개념하에서 역사 전체를 사전에 미리par avance 통합할 필요가 있는 것이 아니라면, 프랑스대혁명, 루스벨트, 카보우르, 무솔리니와 히틀러, 그리고 스탈린 모두를 지칭하기 위해 '혁명'에 관해 언급하는 것을 핵심으로 하는 이 말장난을 우리로 하여금 허락케 하는 것은 도대체 무엇인가? '수동적 혁명'이라는 표현에서 사용된 이 '혁명'이라는 용어는 도대체 어떤 점에서 아주 조금의 인식이라도 우리에게 제공해주는가? 이 '혁명'이라는 단어의 남용이 오히려 우리를 혼란에 빠뜨리는 것은 아닌가? 그리고 그람시가 그렇게 했듯이, 능동적 혁명 혹은 참된 혁명과 대립되는 '수동적 혁명'의 일반적 특징들을 **묘사**하는 것은 우리에게 도대체 무슨 소용이란 말인가?

그래, 좋다. 우리는 [이 '수동적 혁명'에서도] 무언가를 배운다. 특히 우리는 지배계급이 **정상적으로는** 인민대중에 의해 완수**되어야만 했던** 과업들을 완수할 수 있다는 점을 배우게 된다. 훌륭한 일이다![41] 그런데 만일 대중 운동mouvement populaire이 존재했다면, 과연 지배계급이 완수했던 것과 동일한 과업을 수행했을까? 우리는 이 **동일한 과업**을 미리 정해버리는 역사에 관한 종말목적론적 개념화의 도움을 통해서만 이를 확인할 수 있을 뿐이다. 물론 만일 인민대중이 이 과업을 완수한다면, 더 좋은 일이다. 하지만 만일 인민대중이 이 과업을 완수할 능력이 없다면, 그렇다면 바로 지배계급이 이 과업을 완수할 것이며 이는 '좋지는 않은' 일일 것이다. 왜냐하면 이는 이르게 혹은 뒤늦게 안 좋은 방향으로 나아갈 것이기 때문에……

그리고 역사에 관한 이러한 사이비-이론의 가장 취약한 지점을 건드리자면, 국민국가의 구성이나 혁명의 완수와 같은 과업들이 역사적으로 역사의 '현재적 의제à l'ordre du jour'일 때에 인민대중이 때로는 현존하고 때로는 부재하기도 하다는 점을 그람시는 어떻게 설명할 수 있는가? 이러한 과업들이 역사적으로 역사의 현재적 의제이면서도 인민대중이 이 과업을 실현하기 위해 현존하지[즉 나타나지] 않을 때에 (놀라운 우연이여!) 지배계급이 이 과업들을 완수하기 위해 바로 그곳에, 몇 세기에 걸쳐 **어느 누구도** (심지어 이탈리아의 경우에서도) 이 과업들을 실현하기 위해 나타나지 않았던 그곳에 존재한다는 점을 그람시는 도대체 어떻게 설명할 수 있는가?

그람시 자신이나 혹은 그람시적 철학자는 항상 일련의 **역사적** 소여들을 가지고서 이 질문들에 답할 수 있을 것이다.[42] 하지만 이 **역사적** 소여들이 자신들이 설명하고자 하는 것만큼이나 (경험적이라는 이유로) 표면적이기 때문에, 그람시 혹은 그람시적 철학자는 스스로가 인위적으로 만들어낸 이러한 어려움의 해결에 절대로 도달할 수 없을 것이다. 왜냐하면 우리가 세계의 모든 수로를 통해 이 한 잔의 물을 설명하지는 못하는 것과 마찬가지로, 우리는 (무매개적인/직접적인 역사적 소여라는 의미에서) 하나의 역사적 소여를 세계의 모든 역사적 소여들의 (사람들이 기대하는 만큼의) 길고 다양한 연속suite으로 설명할 수 없기 때문이다. 바로 이 때문에, 이 역사적 소여들이 새로운 무언가를 가지고 있는 경우에조차, 그람시가 행하는 '분석들'(하지만 사실 이는 **분석들이 아니라** 하나의 역사적 소여에 대한 묘사이다), 그람시가 이 하나의 소여를 자의적으로 취급한 몇몇 요소들로 분해하는 것, 그리고 그람시가 이 요소들을 다른 역사적 소여들에서 가져온 다른 요소들과 비교하는 것은 현실적 인식들이 아니라 인식에 대한 허상들을 생산한다. 물론 그 자체로 오류는 아닌 모든 허상이 포함하고 있는 '긍정적/실정적positif' 측면 전체와 함께 말이다.

물론 그 이유는 매우 명백하다. 그람시가 자기 자신의 사상에서 일관적이며 '절대적 역사주의'에 관한 자신의 선언에서 그 철학적 '자기 의식'을 우리에게 전해주었기 때문에, 자연히 그는 무매개적인/직접적인 역사적 소여가 그 자체로 자기 자신에 대한 자기만의 빛, 자기 자신만의 진리라고 믿는 경향을 지니게 된다. 그리고 바로 이 때문에 그람시는 역사적 소여의 한계 속에 엄격히 스스로를 가두며, 이 역사적 소여가 설정하는 한계를 절대로 넘어서지 않는다. 그리고 또한 바로 이 때문에 그람시는 역사적 소여를 묘사하는 것에, 그리고 그가 이 역사적 소여에서 자의적인 방식으로 '추상'한 요소들(그람시에게서 이 '추상된' 요소들은 이와 마찬가지의 자의적인 방식으로 다른 역사적 소여들에서 추출한 요소들과 비교된다)로부터 이 역사적 소여의 **내적 진리**를 끌어내는 것―이렇게 **내적 진리**를 끌어냄으로써 이 역사적 소여는 자기 고유의 빛으로 비추어지게 된다―에 만족하는 것이다. 마르크스는 다음과 같이 말한다. "만일 사물/사태의 본질이 무매개적으로/직접적으로 가시적이라면, 과학이 존재할 필요는 없을 것이다."[43]

그람시에게 역사적인 것의 본질(게다가 그에게 모든 것은 역사적이다)은 몇몇 경험적 추상들과 몇몇 경험적 상호 접근들이라는 좋지 못한 수단들을 활용해 얻게 되는 무매개적으로/직접적으로 가시적인 것이다. 스피노자는 다음과 같이 말했다. 개라는 개념은 짖지 않는다고.[44] 그람시가 매우 좋아했던 '역사적인 것'이라는 예를 취해 [골군의 야습을 알려 로마를 구한] 카피톨 신전의 거위oies du Capitol에 대해 말해본다면, 우리는 그람시로 하여금 다음을 인정하게 만들 수 있을 것이다. 거위라는 개념은 짖지 않는다. 이것이 하나의 개념이기 때문에 짖지 않는 것이 아니라, 이 개념 자체가 존재하지 않기 때문에. 그리고 뒤이어 스피노자는 다음과 같이 말할 수 있을 것이다. 역사라는 개념은 역사적이지 않다. 역사가 역사적이지 않기 때문[이-편집자] 아니라(역사는 역사적일 뿐이다[역사는 역사적인 것 이외의 그 무엇도 아니다]), 역사라는 개념이 존재하지 않기 때문에. 진정En vérité 역사라는 개념은 존재하지 않으며, [위에서 이미 설명했기에] 우리는 왜 그러한지 이미 잘 알고 있다. 그람시에게는 역사에 관한 하나의 [대문자] 관념이 존재하기 때문이거나, 혹은 심지어 그에게 역사는 [대문자] 관념 그 자체이기 때문이다. 다시 말해 그람시에게서 역사는 하나의 [대문자] 종말/목적을 추구하는 것이기 때문이다.

만일 역사적인 것이 자기 자신 안에 무매개적으로/직접적으로(다시 말해 경험적으로) 스스로의 본질을 포함하고 있다면, 극단적인 경우 우리는 그 경험성empiricité 속에서 주어지는 바 그대로의 역사적 사건들의 연속에 주의를 기울이는 것만으로도 충분할 것이다. 그리고 바로 이것이 참된véritable 분석을 위해 자의적 묘사들을 취하는 그람시가 했던 일이다. **결국 그람시는 역사의 이론가가 아니라 역사의 독자일 뿐이다.** 그람시에게 역사는 자신을 읽는 이에게 자신의 의미를 무매개적으로/직접적으로 전해주는 하나의 텍스트와 같은 것이기 때문이다. 바로 자신의 의미를 말이다······ 모든 허상이 바로 이 지점에 존재한다. 왜냐하면 하나의 텍스트는 자신을 읽는 이에게 **자신의** 의미를 전해주는 것이 아니라, 독자의 머릿속을 채우고 있는 혹은 머릿속에 귀신처럼 들러붙어 있는 모든 [다른] 텍스트들과 이 텍스트가 지니는 **어떠한 하나의** 의미에 대한 강제적 부여 혹은 출현 사이의 마주침(이는 이 모든 텍스트들이 '독자들의 사유 속에서 떠다니고 있기dans l'air' 때문에 가능한 것이다)에서 탄생하는 어떠한 하나의 의미를 전해주는 것이기 때문이다. 그람시가 (절대적 역사주의와 동일한 것인) 절대적 경험주의—이 절대적 경험주의는 역사(절대적 경험주의는 이 역사에 대한 독해를 위해 이 역사를 고립시킨다)와는 아무런 관련도 없는 이유들 때문에 역사의 의미/방향이 이 역사에 대한 독해에서 무매개적으로/직접적으로 출현한다고 믿는 경향이 있다—의 **허상** 속에서 역사를 '독해한다'고 말해도 과언이 아닐 것이다.

바로 이 지점에서 사태는 역전될 수 있을 것이며, 바로 이 지점에서 우리는 다음과 같은 **참된 질문**을 제기해야만 할 것이다. **왜 그람시는 이러한 허상 속에서 살았는가?** 더욱 정확히 말해, 왜 그람시는 이러한 허상을 필요로 했는가? 이 질문에 답하기 위해서는, 이탈리아 계급투쟁의 역사에 관한, 이탈리아 지식인들의 철학적이고 정치적인 형성(이 이탈리아 지식인들 가운데 그람시가 자신만의 특이성singularité 속에 존재하는 것인데, 그럼에도 그는 역사적 인물로서 하나의 경우cas에 불과하다)에 관한 작업 전체가 필요할 것이다.

하지만 이러한 작업 전체는 분명 그람시와는 완전히 다른 방식으로 역사를 개념화하는 작업일 것이다. 그리고 이는 그람시가 하부구조, 생산양식, 생산관계, 재생산관계, 게다가 계급투쟁을, 그리고 그가 스스로 거부했던 '영역'(즉 상부구조) 내에서, 상부구조 내에서, 정치 내에서 이론적 분석을 닮을 수 있는 모든 것을 언급하기를, 그리고 특히 고려하기를 스스로 그토록 완강하게 면

무엇을 할 것인가?

제[했던-편집자] 이유들을 제시하는 것일 것이다.

왜냐하면 결국 우리는 바로 이 지점으로 접근해야만 하기 때문이다. 왜냐하면 그람시는 한 명의 정치가, 그것도 위대한 정치가이기 때문이다. 토리노 평의회의 지도자, 1921년 투쟁의 위대한 레닌주의자, 톨리아티와 함께 이탈리아 공산당을 창설했던 그 창설자, 죽을 때까지 자신을 영어의 몸으로 만들었던 파시즘에 저항하는 끈질긴 적수, 부하린에서 스탈린으로 이어져야 했던 경제주의적 전통의 이론적 도그마주의에 대한 (정치적으로 명민했던) 비판가, 감옥 한가운데에서, 그리고 공산당에 반대해 소련 공산당과 코민테른의 정치/정책에 반대하는 투쟁을 개시할 줄 알았던 인물, 이 인물은 탁월한 한 명의 정치가였으며, 그를 알았던 모든 이들은 토론과 행동에서 그가 보여주었던 지성, 힘 그리고 번뜩임을 높이 찬양했다.

사람들은, 그토록 정치의 영역으로 깊숙이 들어갔던 한 인물이 자신의 이론적 저술들에서 정치에 대해 집중한다s'intéresse는 것보다 더 당연한 것은 없다고 말한다. 그리고 사실 그람시가 그 어떤 것보다도 정치에 대해 집중하고 있다는 점을 인지하기 위해서는 《옥중수고》를 읽는 것만으로도 충분하다.[45] 하지만 우리는 끝없이 더 먼 곳을 향해 앞으로 나아가야만 한다. 왜냐하면 정치에 집중하는 것과 '모든 것은 정치적이다'라는 철학적 테제를 지지하는 것은 전혀 다르기 때문이다. 여기에서 나는 명확히 철학에 대해 말하고 있는 것이며, 철학에 대해 말할 때에 나는 **항상** 그람시가 원용하는 철학, 즉 절대적 인간주의와 동일한 것인 절대적 역사주의에 대해 말하고 있다.

그람시의 이러한 새로운 이론적 전개들을 어떻게 이해해야 하는가?[46) 우리는 마지막 단어[즉 결론]를 계속 말하지 않아왔던 그람시가 이제야 마지막 단어를 말한 것이라고, 그러니까 이 새로운 이론적 전개들이 그의 마지막 단어[결론]라고 이해할 수 있다. 하지만 이 마지막 단어를 제대로 이해하는 데에는 약간의 주의가 요구된다.

그람시는 '프락시스의 철학'으로서 마르크스주의에 대해 언급한다. 이를 통해 그람시는 자연스럽게 착취당해왔고 배반당해왔던, 하지만 그 존재 이유가 없지는 않은 전통적인 구분을 부정한다. 바로 '역사유물론' 혹은 계급투쟁의 조건들과 형태들에 대한 인식의 원리들과 ([스탈린이 활용하는] '변증법적 유물론'이라는 역겨운 표현을 활용하지 않기 위해 다음의 표현을 활용하자면) '마르크스주의적 철학' 사이의 구분 말이다. 이 '마르크스주의적 철학'이라는 표현(나 자신 또한 이 표현을 나의 것으로 받아들이지는 않는다)이 대체되어야만 하는 표현임에도 불구하고, 이러한 구분은 그 나름의 존재 이유를 가지고 있으며 충분히 옹호될 수 있다. 그런데 그람시는 '역사유물론'이 '프락시스의 철학' 내부로 되돌아오도록 하기 위해 이 마르크스주의적 철학이라는 표현을 거부한다.[47) 그람시에게 '역사유물론'과 '프락시스의 철학'은 동일한 것이다. 이 점에 대해 더 명확히 말해보자면, 그람시가 독해했으며 그 내용에 동의를 표했던 마흐—레닌이 그토록 격하게 비판했던 그 마흐 말이다[48]—의 관점과 마찬가지로, 그람시의 관점에서 과학적 특징을 지닌 하나의 인식과 하나의 철학적 테제 사이에는 아무런 차이도 존재하지 않는다. 과학적 특징을 지닌 하나의 인식은 그 본질상 하나의 철학적 테제로 환원된다. **그러므로 모든 것**(과학, 종교, 예술, 정치 등등)**은 철학적인 것이다.** 그리고 '프락시스의 철학'은 모든 것이 철학이라는 점에서 모든 인간이 철학자라는 점을 인식했던 세상에 존재하는 유일무이한 것이다.[49] 만일 사물/사태가 근본적으로 이러하다면, 만일 모든 것이 영구히 철학**인 것**이라면, 철학적 활동이란 도대체 어디에 놓여 있는 것인가? 존재하는 것에 대한, 과학에 대한, 정치에 대한, 예술에 대한, 종교 등등에 대한 잘못된/거짓된fausses 관념들을 향한 단순한 하나의 **비판**—무엇이 잘못된/거짓된 것인지를 보게 해줌으로써 인간에게 이 과학, 정치, 예술, 종교 등등이 자기들도 모르는 채로 자기들 내부에 근본적으로 지니고 있는 진리를 폭로하는 단순한 하나의 **비판**—속에 놓여 있는 것이다. 원초적이고 최종적인 진리[즉 이 진리의 시작과 끝 모두]는 **모든 것이 철학**이라는 것이다.

　'비판'이라는 이러한 관념 속에서, (평범한 의식, 즉 '비속한 자들'의 의식이 학자들의 의식에 기거하고 있는 [대문자] 진리의 빛을 조금만이라도 인지한다면) 오류에서 자유로워질 수 있는 능력을 자신의 권리와 같이 지니고 있는 참의 존재와 진리의 역량을 전제하는 낡아빠진 관념론적 관념을 우리 모두는 인지할 수 있을 것이다. 자신이 철학자라는 사실을 알지 못하는 철학자는, (다른 모든 이들은 자신들이 철학자라는 사실을 모르는 데 반해) 자신들은 철학자라는 사실을 이미 알고 있는, 그리고 모든 것이 철학이라는 점을 이미 알고 있는 몇몇 철학자들이 존재한다는 이유에 따라서만, 철학자일 수 있다. 이는 (그람시가 그토록 좋아했던, 국가에 의한 교육, 당에 의한 교육과 같은) 교육이라는 주제[테마]에 연결되어 있는 낡아빠진 관념론이다.

자기 자신도 모르는 채로 모든 인간 속에 [대문자] 진리가 기거하고 있다는 것은 [그저] 하나의 주장^{une chose}[일 뿐]이다. 하지만 그람시의 경우에 놀라운 점은 모든 인간 속에 기거하고 있는 이러한 철학적인 [대문자] 진리가 모든 것이 철학이라는 언표로 언표된다는 점이다. 바로 이 지점이 수수께끼이며, 동시에 이 지점에서 해결책이 발견된다. 왜냐하면 마르크스와 철학에 대해 말하는 그람시는(그는 마르크스주의 철학이 유일한 진리이며, [더욱이] 철학들 스스로도 알지 못한 채로 모든 철학들의 근본에 기거하고 있는 유일한 진리라고 말한다) 단순히 철학에 대해 말하는 것이 아니라 '**프락시스의 철학**'[이라는 자신만의 해결책]에 대해 말하고 있기 때문이다. 이 '**프락시스의 철학**'이라는 용어가 그람시에게서 단지 간수들의 검열을 통과하기 위해 그의 사유를 위장하는 데에만 사용되었을 뿐이라고, 그래서 간수들의 의심을 품게 만들 마르크스라는 이름 혹은 마르크스주의적이라는 형용사가 변형된 채 사용되었을 것이라고 진지하게 주장하는 이는 오늘날 더 이상 존재하지 않는다. 이 '**프락시스의** 철학'이라는 용어는 이견의 여지없이 그람시 자신의 고유한 사상을 표현해주고 있다. [대문자] '프락시스'. 이탈리아 단어인 'pratica'[즉 프랑스어 'pratique'의 동의어]를 사용할 수도 있었을 그람시는, 우리가 '실천의 철학^{philosophie de la pratique}'이라고 말하듯, 이 용어를 포이어바흐에 관한 마르크스의 열한 가지 테제들—이 테제들에서 '프락시스의 철학'이라는 표현은 등장하지 않고 단지 '철학'이라는 표현과 '프락시스'라는 표현이 개별적으로 나타난다—에서 차용했다. 이는 아무런 의미도 없는 하나의 뉘앙스를 표현한 것에 불과할까? 나는 그렇게 생각하지 않는다. 왜냐하면 실천^{pratique}이라는 용어—이 실천이라는 용어는 (실천으로) 단독적으로 활용될 수도 있으나, (정치적 실천, 사회적 실천, 미학적 실천, 철학적 실천, 종교적 실천처럼) [일반적으로는] 매우 손쉽고 평범한 방식으로 규정[수식]된다—를 활용하기를 거부함으로써, 그리고 '프락시스'라는 용어를 선호함으로써 그람시는, 마르크스가 '프락시스'의 '주체성'에 관해 언급하는 포이어바흐에 대한 자신의 열한 가지 테제들에서 그러했던 것과 마찬가지로, 모든 실천, 즉 **활동**^{activité}—모든 실천 혹은 활동은 우리가 이미 인식하고 있는 것이다—의 내부성을 강조했다.

'프락시스'라는 용어와 결합 가능한 다수의 주제 중 하나인 활동이라는 주제에 대한 그람시의 이러한 철학적 애착이 그람시에게서 아무런 의미도 지니지 않는다고는 전혀 말할 수 없다. 만일 모든 것이 철학이라면, 그리고 만일 활동이 철학의 본질을 구성하는 것이라면, 이러한 수수께끼와 같은 외양을 띠고 있는 명제, 즉 '프락시스의 철학'은 정확한 하나의 의미를 취하게 된다. 프락시스의 철학은, 만일 철학의 본질이 정말로 **활동**인 것이라면, 모든 것이 철학이라는 테제를 지지할 만한 근거를 가지고 있다. 피히테의 초월론주의^transcendantalisme 와는 달리, 만일 우리가 역사주의적 경험주의 안에 있는 것이 아니라면, 이 지점에서 우리는 (행동이 기원에 존재한다는) 피히테적 외양을 띠고 있는 사유와 매우 가까이에 있는 것일 것이다. **'모든 것이 활동이다'**라는 명제는 (피히테의) [대문자] 행위Acte에 대한 선험적인^a priori 초월론적^transcendantale 활동도, 모든 술어적 실천 내에서 전前술어적 프락시스에 대한 **수동적** 종합을 **다시 취하는** '프락시스'의 구체적인 초월론적 활동도 지시하지 않는다(후설 자신 또한 말년에 "경험과 판단 Erfahrung und Urteil"^50)에서 하나의 '프락시스의 철학'을, 하지만 구성적-구체적인 '프락시스의 철학'을 발전시켰다). 그것이 아니라 이 명제는 '인간들', 다시 말해 구체적 개인들이 (고독 속에서든, 그리고 말할 것도 없이 사회적 삶 속에서든) 자연스럽게도 본질적으로 '능동적/활동적^actifs'

이라는 **경험적 사실**을(이 '인간들', 즉 구체적 개인들을 관찰하는 것만으로도 이 점을 확인하기에 충분하다), 그리고 '역사를 만드는 것'은 바로 이들의 활동이라는 **경험적 사실**을 아주 단순하게 그리고 아주 평면적으로 지시할 뿐이다.[51]

요점을 정리해보자. 그람시에 따르면 모든 것은 철학이다. 모든 철학의 진리는 '프락시스의 철학'이다. 프락시스는 본질적으로 활동이다. 그래서 모든 것은 활동이다. 아마도 그람시의 이러한 테제는 우주 전체에서 유효할 것이다. 그람시가 이 테제에 집중하는 것은 아니지만 어쨌든 그가 이 테제를 배제하고 있는 것도 아니다. 어찌 되었든 인간 세계 안에서 **모든 것은 활동이다**. 이는 개인들이 능동적/활동적이며 역사를 만드는 것은 바로 이들의 활동이라는 점을 의미한다.

그리고 다음이 바로 그람시의 최종 목적지이다. 만일 개인들이 능동적/활동적이라면(게다가 이는 너무 명백하다), 우리는 그들이 서로 다른 여러 활동들을 수행한다는 점 또한 보게 된다. 분명히/표면적으로는^{apparemment} 소비 수단을 생산하는 활동과 신에게 기도하는 활동 사이에, 혹은 철학하는 활동과 정치적 활동, 그리고 축구 활동 사이에 크게 공통된 것은 없는 것 같다. 하지만 그렇게 보인다면 당신은 착각하고 있는 것이다. 이 모든 활동들에는 공통된 하나의 본질이 존재한다. 혹은 더 정확히 말해, 이 **서로 다른 여러 활동들 가운데** 다른 활동들의 본질임과 동시에 **활동 그 자체**

의 고유한 본질인 하나의 활동이 존재한다. 바로 정치라는 활동이. 모든 것이 철학이라고 말한 뒤, 그람시는 **모든 철학이 정치**라고 선언한다.[52] 그리고 모든 철학의 본질이 활동이라는 점을 우리가 이미 알고 있기 때문에, 우리는 정치라는 단어에 **정치적 활동**이라는 정확한 하나의 의미를 부여할 수 있다.[53] 이상과 같은 논의는 매우 설득력 있는 주장이다.

이 지점에서 그람시는 (모든 정치적 행동을 포함해) 모든 진리와 모든 가능한 행동의 아르키메데스점에서 자신의 일을, 진정으로 자신의 과업을 수행하고 있는 것이다. 그리고 그람시가 정치적 행위를 사고할 때, 여기에서 그는 그 어떠한 모호함도 없이 그리고 탁월한 방식으로 '근대의 [대문자] 군주'인 공산당에 의해 국가권력의 쟁취라는 방향으로 인도되는 대중의 혁명적인 정치적 행위를 의미하고 있다.

방금 도식적인 방식으로 그 단계들을 나열함으로써 우리가 행한 그람시의 이 거대한 사유 전체에 대한 우회는, 그람시라는 이 위대한 정치 지도자가 끔찍한 감옥의 담장 밑에서 손으로 쓴 노트를 통해 이 철학자[즉 자기 자신]—혹시라도 언젠가 인민대중이 자신의 수고를 읽을 수 있게 되어 이 수고의 진리를 완벽히 이해하게 된다면 이 인민대중으로 하여금 (세계를 들어올리는 것이 아니라)[54] 세계를 '변화'시키고 결국에는 혁명을 수행할 수 있도록 해주는—를 그 모든 진리들의 진리에까지 이르도록 인도했던 그 정확한 지점에 도달하기 위한 것이다. 그람시의 이 거대한 사유 전체가 인민전선이 여전히 건재했던, 하지만 파시즘이 동양에서 서양까지 세계 전체를 석권했던, 노동자 운동의 미래를 위한 한 줄기 희망조차 존재하지 않았던, 스탈린주의에 갇혀버린 소련에서는 진정으로 그 무엇도 도래할 수 없었던, 그래서 현대사의 가장 불투명하고 절망적인 밤이었던 그 몇 해 동안 개인적이고 정치적인 고독 속에서 사유되었다는 점은 오늘날 우리가 우리 자신의 미래와 마주하고 있다는 허상을 가득 채우고서 독자들을 감동시키고 경탄으로 전율하게 만들 수 있을 뿐이다.

그러나 이것이 그람시의 정치에 관한 사상[그람시의 정치사상]을 면밀히 검토하지 않아도 되게 해주는 것은 전혀 아니다. 하지만 그람시의 정치에 관한 사상을 검토하는 이유는 이 사상을 (그러니까 이 사상의 가치 혹은 오류를) 음미함으로써 얻게 되는 철학적 즐거움 때문이 아니라, 정말로 그의 사상이, 이 사상의 저자 그람시가 소망했듯, 톨리아티 이래로 그람시를 이탈리아 공산당의 공식 이론가로 대접했던, 그리고 공산당과 좌파 노동조합을 넘어 매우 광범위하게 그람시를 수용했던 이탈리아에서뿐만 아니라 세계 전체에서 광범위한 대중 속으로 침투했기 때문에, 그리고 그의 사상이 공산주의자들 사이에서, 그리고 스페인, 영국, 일본, 미국 그리고 매우 많은 수의 자본주의 국가들에서 헤게모니를 획득하고 있는 중이기 때문이다. 사실 그람시의 사상은 우리가 유로공산주의라고 부르는 것 내에서 인정된[공인된] 사상이 되어가고 있다. 바로 이러한 이유에서, 여기에서 나는 정치에 관한 그람시의 주제들[테마들]을 검토해보고 싶은 것이다. 그러니까 바로 정치적 이유에서 말이다. 그리고 다름 아닌 바로 이 정치적 이유가 나로 하여금 나의 [3장과 4장에서의] 논의를 선행하는 [그람시의 사상에 관한 검토라는] 기나긴 우회를 하도록 강제했던 것이다. 모든 것이 결정되는 장소로서의 정치를 우리가 더욱 명확히 볼 수 있도록 하기 위해서 말이다.

하지만 그람시가 정치를 통해 형성하는 개념화를 이해하기 위해서는, 또 하나의 우회가 더 필요하다. 우선 우리는 그람시가 **너무나도 독창적이어서 도대체 어느 정도까지 우리가 여전히 이 그람시의 사상을 마르크스와 관련 지을 수 있을지 질문해봐야 할 정도의 독창적인** 방식으로 사유한다는 점을 지적해야 한다. 예를 들어, 우리는 그람시가 '생산양식'에 관한, 하부구조와 생산관계에 관한 마르크스주의 이론을 제대로 사고하지는 않았다는 점을, 그러니까 무시했다는 점을(그리고 아마도 감옥에서 《자본》을 구해볼 수 없었기 때문인지는 모르겠지만 아무튼 [생산양식, 하부구조, 생산관계에 관한] 몇몇 지점들에 대해 무지했다는 점을) 위에서 확인했다. 그람시가 무시했던 것들의 목록에 우리는 (생산관계의 이론과 함께) 모든 것을 지배하는, 그리고 특히 상부구조에 관한 마르크스주의 이론 전체(비록 마르크스 자신은 이 상부구조라는 지점에 대해 명시적으로 언급한 적은 없으나)를

무엇을 할 것인가?

지배하는 것, 즉 **재생산**에 관한 이론을 추가해야 한다.

이 개념들 모두ensemble는 마르크스에게서 문자 그대로 발견될 수 있는 것인데, 몇몇 개념들은 매우 상세하게 발전되었으며(하부구조, 자본주의적 생산관계 그리고 재생산―이 재생산이라는 개념은 사실 불변자본과 노동력[가변자본]의 재생산을 위해서만 마르크스에게서 존재하고 있다), 몇몇 다른 개념들은 더욱 간략하게 발전되었다(생산양식, 상부구조 그리고 국가, 법/권리droit, 이데올로기들과 같은 이 상부구조의 모든 '요소들').

그런데 일단 이 모든 결정적 통념들을 무시하거나 유기하자마자, 상부구조(게다가 정확히 정의되지도 않은 통념으로서의 상부구조)의 무언가가 하부구조로 침투한다는 것을 보여주자마자(그런데 이는 우리가 하부구조를 상부구조에서부터 출발해 '독해할' 수 있다는 점을 증명하는 소묘, 그러니까 이러한 식의 '독해'로 우리를 초대하는 소묘이다), 그람시는 자기 고유의 이론을 자신만의 방식으로, **마르크스에게서 매우 멀찍이 떨어져서 구축하기 시작한다.**

그 메커니즘[즉 기계론적 성격]과 형이상학[적 성격]을 비판했던 하부구조와 상부구조 사이의 구분 대신에, 그람시는 또 다른 구분, 분명/표면적으로는 오래전에 존재했던 낡은 인식에서 가져온 또 다른 구분, 즉 **국가**와 **시민사회 사이**의 구분을 우리에게 제시한다.[55] 나는 '분명/표면적으로는'이라고 말한다. 왜냐하면 부르주아-관념론적인 정치적, 경제적 그리고 철학적 전통에서 이러한 구분은 17세기부터 문자 그대로 등장하며, 헤겔[56]은 이 구분을, 국가는 [대문자] 관념의 실현, 그러니까 구체적인 보편적인 것의 실현이며, 시민사회는 **사적** '욕구/필요besoins의 체계', 다시 말해 경제적인 노동, 생산, 소비에 대한 욕구/필요의 체계라는 점을, 하지만 시민사회는 **자기 자신 안에 장치들**(법정, 경찰)과 '시민적' **조직들**(동업조합)**을 포함하고 있다**는 점을 명확히 말하면서 자신의 법철학 안에 이를 기입하고 이를 명료히 발전시키기 때문이다. 사실 그람시가 이러한 낡은 구분을 용어 그대로 다시 취하는 것은 아니다. 그람시는 '시민사회'에 새로운 의미를 부여한다. 공적인 것과 사적인 것이라는 부르주아적인 법률적 구분의 내부에서 사고함으로써, 그람시는 시민사회를 국가 바깥에 존재하는 사적 연합체들 전체ensemble로 제시한다.[57] 국가는 공적이다. 사적 연합체들은 사적이다. 그람시는 이 사적 연합체들의 예로 교회, 학교, 정당, 노동조합 등등을 나열한다.

  놀라운 점은 이 사적 연합체들의 사적 특징이다. 그러니까 이 사적 연합체들은 공적이지 않고, 법/권리의 관점에서 국가와 그 어떠한 관계도 맺고 있지 않다. 하지만 동시에 그람시는, 마르크스주의 국가 이론에서 장치appareil라는 용어를 다시 취함으로써, 그리고 레닌주의적 전통에서 헤게모니라는 용어를 취함으로써 이 동일한 연합체들을 '헤게모니적 장치들'로 형언한다. 이외에 그람시는 '헤게모니적 장치들'에 대해, 그 구분에 대해, 그 구조에 대해, 그 기능의 동력에 대해 그 무엇도 말해주지 않는다.

우리는 단지 이것이 '장치들'이라는 점을 알고 있을 뿐인데, 그러나 그람시는 마르크스와 레닌이 국가에 관해 언급할 때 일시적 '해결책'으로 사용했던 이 용어에 대해 더 이상 설명하지 않는다. 그리고 또한 우리는 이 장치들이 '헤게모니적'이라는 점을, 다시 말해 이 장치들이 인민대중에게 동의의 효과를 생산한다는 점을 알고 있다. 완전히 아리스토텔레스적인 방식으로 이 장치들을 '헤게모니적'이라고 선언함으로써, 그람시는 이 장치들을 이 장치들이 추구하고 생산하는 효과와 동일한 것인(만일 그렇지 않다면 이 장치들은 장치들이 아닐 것이다) 그러한 목적으로 정의한다.

'우산, 그것은 비가 내릴 때 쓰는 것이다'라고 누군가 말한다면 이는 [아무 지식도 제공하지 않는 일종의 동어반복이므로] 우리를 웃게 만들 것이다. 하지만 '우산, 그것은 비를 막아준다'라고 말한다면 이것은 전혀 웃기지 않다. 그렇지만 아쉽게도 우리는 우산에 대해 그 무엇도 알지 못한다. 다시 말해 헤게모니적 장치들 안의 헤게모니적인 것의 원인이라는 질문은 해결되지 않은 채 남아 있다. 그람시는 우리에게 이 헤게모니적인 것의 원인이 무엇인지에 관해서는 그 무엇도 말해주지 않는다. 만일 우리가 '헤게모니, 그것은 우리가 예[oui/yes]라고 말하는 것이다'라고 말하는 것에 그친다면, 이는 헤게모니적인 것의 원인에 대한 우리의 논의를 별반 진전시키지 못한다. 우리는 자유로운 상태에서 동의하기 때문에 예라고 말할 수도 있고, 반대로 강제에 의해서 예라고 말할 수도 있다. 루소는 당신에게 리볼버를 코앞에 대고 협박함으로써 당신이 예라고 말하도록 만드는 강도에 대해 언급함으로써 이미 이에 대해 설명했다.[58] 이를 더욱 명확히 말해보자면, 힘 force 또한 헤게모니의 수단이 될 수 있다는 것이다. 그리고 힘은 물리적 폭력에 의해서든, 폭력 없이 그 존재 자체로 인한 위협에 의해서든(자신의 힘을 사용할 필요가 없도록 하기 위해 힘을 보여주고, 자신의 힘을 사용하기 위해 자신의 힘을 보여주지 않는 료테[59]의 정책과 같이)[60], 심지어 더욱 미묘한 방식으로는 자기 자신의 부재에 의해서든(자신들의 병영에서 대기하고 있는 질서군단, [프랑스의 도시] 랑부예 대숲에서 대기하고 있는 전차와 같이. 모든 사람들은 이들이 존재하고 있다는 것을 알고 있으며, 만일 어떠한 상황이 닥친다면…… 곧장 개입할 것이라는 점을 알고 있다. 그래서 보이지 않으며 움직이지 않는, 가치를 지닌 저장된 금이 그 자신의 부재 자체를 통해 자본시장, 화폐시장 그리고 가치의 시장에서 필요한 질서를 유지하듯, 이들의 부재 그 자체에 의해 질서가 유지된다), 여러 다양한 방식으로 행사될 수 있다. 간단히 말해, **어떻게** 헤게모니가 보증되는지, **어떻게** 헤게모니가 수용되는지를 말하지 않을 때, 사실 우리는 이 헤게모니에 대해 그 무엇도 말하고 있지 않은 것이다. 결국 우리는 항상 묘사에 머무르고 있다.

만일 내가 이 헤게모니라는 통념을 지속적으로 강조하고 있다면, 이는 이 헤게모니라는 통념이 그람시에게 셀 수 없이 많은 횟수로, 그의 '시민사회'에 대한 이론이 아니라 그의 국가 이론에서 사용되고 있기 때문이다. 여기에서 사태는 다음과 같은 하나의 매우 단순한 이유 때문에 굉장한 혼란을 경험하게 된다. 이는 혁명가적 인물로서 그람시가 (마르크스와 레닌, 그리고 마르크스주의 전통 전체에서 배웠듯) 국가권력의 쟁취가 모든 혁명의 제1 과제라는 점을 잘 알고 있다는 이유이다. 그런데 그람시에게 제기된 질문은 자신의 '시민사회'에 관한 이론—즉 그람시 자신만의 발견(그런데 이 '시민사회'는 그람시에게서 하부구조도 아니며 단순히 '욕구/필요[의 체계-편집자]'(헤겔)인 것만도 아니고 순수한 경제인 것만도 아니며 대신 '헤게모니적 장치들' 전체이다)—을 국가에 관한 마르크스주의 이론의 본질[과-편집자] 성공적으로 연결시키는 것이다.

　　이 지점에서도 여전히, 하부구조와 생산관계의 재생산을 무시하면서, 그람시는 소여들의 묘사와 자신의 핵심적인 철학적 전제(즉 모든 소여는 역사적이며, 그러므로 또한 모든 정치적 소여는 자기 자신 안에 자기 자신만의 빛을 지니고 있다는 전제)라는 근본적 방법을 적용한다. 정확한 묘사와 제대로 선택된 상호 접근만으로도 충분하다. 결국 제대로 보고 제대로 읽는 것만으로도 충분하다는 것이다. 그런데 그람시는 도대체 무엇을 '보고' 있는 것일까? 그람시는, 부르주아적 의미에서의 하나의 진정한 '정치 이론'을 개시함으로써, 모든 국가들이 두 가지 '계기들'을 포함하고 있다는 점을 보고 있다. 한편으로, 힘 혹은 강제 혹은 폭력 혹은 독재라는 계기를, 그리고 다른 한편으로 헤게모니, 동의^{consensus}, 일치^{accord}라는 계기를. 물론 우리는 첫 번째 '계기'에서 마르크스와 엥겔스가 억압적 국가 장치라 불렀던 바를 인지할 수 있을 것이다. 하지만 두 번째 '계기'에서 우리는 도대체 무엇을 인지할 수 있는 것일까?

그람시는 이 두 번째 '계기'에 숨겨져 있는 것이 바로 '시민사회'라는 점을 우리에게 폭로한다. 그람시에게 이는 당연한데, 왜냐하면 헤게모니적 장치들로 구성되어 있기에 이 '시민사회'의 기능은 헤게모니, 즉 동의의 획득이기 때문이다. 하지만 이는 당연하지 않은데, 왜냐하면 사람들이 우리에게 잘 설명해주었듯, 국가의 두 번째 계기는 '사적'이라는 점 때문에 국가와는 구분되기 때문이다. 그래서 우리는 왜 명확히 **국가 바깥에서** 사고되었던 것이 국가의 두 번째 '계기'를 구성할 수 있는지 도무지 이해하지 못하게 된다. 그래서 국가는 '자기 자신의 바깥에서' 그 자신의 '계기들' 중 하나, 그 자신의 결정적 기능들 중 하나란 이야기인가?

국가의 하나의 본질적 '계기', 즉 이 두 번째 계기가 **국가 외부의** 존재라는 하나의 형태를 취한다는 점, 이것이 나에게 굉장히 흥미로워 보인다. 하지만 그렇다면 아마도 우리는 이 역설적 관계에 대해 **사고**하고 이 역설적 관계에 상대적으로 올바른 개념을 부여해야만 할 것이다. 바로 이것이 이데올로기적 국가 장치들이라는 정식$^{(61)}$, 즉 한편으로는 '국가 안과 국가 바깥'이라는 모순을 종결 짓는, 다른 한편으로는 자신의 개념 안에 헤게모니적 장치들의 기능 작용 양식에 대한 형식적 지표—이것이 바로 **이데올로기**인데, 이는 또한 이데올로기들의 물질성을 사고하기 시작하도록 강제하는 결과를 지니기도 한다—를 기입한다는 이중적 이점을 지니는 정식에 대해 말하기를 제안함으로써 나의 논의 지형 안에서 하고자 했던 것이다.

하지만 분명 그람시는 자기 자신의 모순과 대면하기를 전혀 원하지 않는다. 반면 그는 무엇보다도 이 모순을 그 상태 그대로 유지하기를 원한다. 그가 자신이 보고 있는 것을 사고하는 데에까지는 나아가지 않으면서(최악의 경우 그는 자신이 이러한 모순에 발이 걸려 넘어질 때면 이를 사고하기를 포기해버리고 만다) 이를 묘사하는 데에 만족하기 때문만이 아니라, 또한 **그가 이러한 모순을 필요로 하기** 때문이기도 하다. 아래에서 살펴보겠지만 그는 정치적 이유들 때문에 인해 이 모순을 필요로 한다.

그러므로 이 모순을 잠정적으로는 괄호 속에 넣어두고 그의 묘사에 대한 그 자신의 성찰 안에서 그람시를 따라가보도록 하자. 왜냐하면 국가에 힘과 헤게모니라는 두 가지 계기가 존재한다고 말하는 것은 굉장히 빈약한 주장이기 때문이다. 이러한 사상을 어떻게 발전시킬^{enrichir} 수 있을까? 사람들은 그람시가 최소한 이 두 '계기들' 각각에 대한 분석에는 착수할 것이라고, 그리고 우리에게 국가에 대한 새로운 무언가를 발견할 수 있게 해줄 것이라고 상상할지도 모른다. 하지만 전혀 아니다. 그람시는 여기에서 단 한 마디도 더 하지 않는다. 말해야만 하는 새롭고 중요한 것 모두는 '시민사회'에 관해 이미 말해졌다. 이외에 우리는 더 이상 그 어떠한 것도 그람시에게서 들을 수 없다.

그렇지만 혹시 만일 '시민사회'에 관한 것 외에 그람시가 무언가를 말한다 해도, 기껏해야 우리는 어떠한 관계들이 국가의 이 두 '계기들' 사이에 존재할 수 있는지를 확인하기 위해 (각각의 경우마다 경험적인 역사적 소여들에 조응하는) 일종의 상상적 변이 variation를 지니게 될 뿐이다. 힘과 헤게모니(이 헤게모니가 어떻게 행사되는지 그람시를 통해서는 알 수 없다는 점을 기억하자)의 '용량dosage' [힘과 헤게모니 각각의 '양'과 둘 사이의 비율]에 따라 우리가 서로 다른 유형의 국가를 마주하게 된다는 점은 누구의 눈으로 보더라도 정말 '명명백백'해 보인다. 나는 변이의 스펙트럼이 취하는 다음과 같은 두 극단을 지체 없이 제시하고자 한다. 한 극단에서 우리는, 힘이 압도적인 방식으로 우위를 차지하는 반면 헤게모니는 거의 아무런 영향력도 지니지 못하는 국가를 가지게 된다. 제정 러시아가 그 예가 될 수 있을 텐데, 이 제정 러시아에서 힘은 압도적이었으며 "시민사회는 …… [젤라틴과 같이] 걸쭉했다gélatineuse". 다른 극단에서, 힘은 가능한 가장 강한 정도로 축소되며 헤게모니는 가능한 가장 강한 정도로 거대해진다. 그 예시와 관련해서는 음…… 그람시가 전형적으로 아리스토텔레스적인 아름다운 정식, 즉 '올바른 균형juste équilibre[중용]'이라는 정식을 찾아주고자 하는, 제대로 된 균형을 갖춘 예의 그 유명한 윤리적 국가 혹은 그와 유사한 국가들이라는 예시 정도로 만족하자……[62]

　　그렇지만 여전히 그람시는 마르크스와 레닌과의 관계를 끝내지 못했다. 즉 그람시는 마르크스와 레닌의 사유를 자기 자신의 사유 안으로 포섭하는 것 자체가 지니는 난점을 해결하지 못했다. 왜냐하면 그람시는 국가가 지배계급의 손에 쥐어진 '도구'이기도 하다는 점을(그러나 그람시는 이 '도구'라는 단어를 전혀 좋아하지 않는다), 그리고 힘과 헤게모니 사이의 가변적 비율^{dose}에 대한 이러한 묘사 뒤편에서 (전혀 다른 맥락에서 매우 진지한) 또 다른 질문, 즉 국가라는 수단에 의해 행사되는 계급독재, 마르크스주의 안에서 전통적으로 계급독재라는 이름을 부여받아왔던 계급독재라는 질문이 제기된다는 점을 잘 알고 있기 때문이다. 이는 국가가 이러한 지배 혹은 계급독재와 비교해 부차적이라는 점을 의미한다(여기에서 계급독재가 정치적 독재에서 의회민주주의 혹은 대중민주주의로 나아갈 수 있는 가변적인 정치 형태들을 지시하는 것이 전혀 아니라 지배계급의 지배의 경제적이고 정치적이며 동시에 이데올로기적인 형태들 전체를 지시한다는 점을 명확히 인지해야 한다). 그리고 이는 그람시에게 다음과 같은 매우 진지한 질문을 하나를 필연적으로 제기하게 된다. 그람시는, 자기 자신이 한계를 정해버리고자 하는 개념들을 가지고서, 국가라는 매우 탁월한 이 계급지배의 수단에 대한 계급지배 자체의 전반적 우위를 사고할 수 있게 해주는 자신만의 개념들을 어떻게 찾을 수 있을 것인가?

　　이러한 결정적 지점에서 그람시는 계급독재에 대해서도, 심지어는 계급지배에 대해서도 말하기를 거부한다. 그람시는 자기 자신의 개념들, 즉 힘과 헤게모니라는 개념들에 사로잡혀 더는 앞으로 나아가지 않는다. 그렇다면 그 대신 그람시는 무엇을 하는가? 그람시는 헤게모니라는 개념이 지배계급 혹은 계급독재라는 개념의 대체물 역할을 사실상^{pratiquement} 수행하도록 하기 위해 이 개념을 터무니없을 정도로 '부풀린'다. 이것이 그람시의 말뿐인 이론적 업적이라는 점을 지적해야만 한다! 왜냐하면 그람시는 헤게모니를 시민사회를 구성하는 이러한 '헤게모니적 장치들' 안에 어떠한 애매함도 없이 위치시켜 놓았기 때문이다. 비록 우리는 시민사회가 어떻게 생산되었는지 몰랐지만, 최소한 어떠한 '사적'이고 제한된 영역에 이 시민사회가 속해 있는지는 알고 있었다. 그런데 보자. 이제 이 시민사회는 (국가의 바깥에 존재하면서도 동시에) 국가와 연결되었을 뿐만 아니라, 결국에는 **국가 전체**를 포괄하는 데에까지 이를 것이다. 그리고 마르크스주의자이자 레닌주의자가 되기 위해, 결국 그람시는 국가를 **헤게모니로**, 혹은 오히려 국가를, 이 국가를 포섭^{embrasse}하고 지배하는 어떠한 하나의 헤게모니의 현상으로 사고하는 데에까지 이를 것이다. 하지만 자신의 그 모든 '분석들'에서 계급지배도 계급독재도 문제로서 다루지 않으면서 말이다.

무엇을 할 것인가?

그렇지만 우리는 아직 헤게모니에 대한 논의를 끝마치지 않았다. 왜냐하면 (비록 그람시가 이에 대해 별로 언급하지는 않지만) 마르크스주의자이자 레닌주의자로서 그람시는 그럼에도 계급투쟁이 존재한다는 점을, 그리고 이 계급투쟁의 쟁점이 국가라는 점을 잘 알고 있기 때문이다. 하지만 그람시는 결국 국가를 헤게모니로 사고해버렸으니(그리고 우리는 이러한 헤게모니의 뒤편에서 단독적으로 존재하는 하나의 국가보다 더 강력한 하나의 계급이 존재한다는 느낌을 강하게 가지게 된다), 어떻게 계급투쟁(그람시에게서 이 계급투쟁의 쟁점은 위에서 지적했듯 국가이다)을 표상할 수 있겠는가? 계급투쟁을 표상하기 위해 그람시는 하나의 정식, 즉 헤게모니를 위한 투쟁^{lutte pour l'hégémonie}이 아니라 '헤게모니 투쟁^{lutte d'hégémonies}'[63]이라는 정식을 찾아냈다. 마치 계급투쟁이 힘들에 대항한 힘들의 투쟁이기도 한 것은 아니라는 듯이, 그리고 특히 사태가 진행되는 것이 '헤게모니들' 사이에서라는 듯이, 피지배계급들의 '헤게모니'가 지배계급의 '헤게모니'에 대항해 진정으로 '투쟁'할 수 있다는 듯이.

그람시에게서 매우 의식적으로 진행되는 이 모든 논증 과정에서 '명명백백'해 보이는 것은, 우리가 단어, 개념 그리고 사유의 수준에서, 그람시에게 그토록 익숙한 하나의 진정한 대체의 작동/과정^{opération}을 목도하게 된다는 것이다. 우리는 힘과 헤게모니 사이의 구분으로부터 출발하지만 마지막에 힘은 사라져버린다. 아마도 **그래서** 헤게모니라는 용어가 계급지배 혹은 계급독재라는 개념을 대신하는 것 같은데, 그러나 여기에서 우리는 또다시 하나의 경험적 소여와 마주하게 된다. "그건 원래 그래."[64] 계급지배는 물론 힘이 존재하는 형태들하에서 실행된다. 하지만 이 힘은 평화의 수호자[즉 경찰]가 교통을 통제하는 자신의 기능과 동시에 자신이 통제하는 교통 속으로도 흡수되듯이[일부이기도 하듯이], 헤게모니 속으로, 다시 말해 지배계급에 의해 획득된 동의 안으로 흡수된다. 결국 잘 통제된 하나의 국가에는 힘이 존재하지만 이 힘은 모든 사람들의 일부분이 되어 비가시적으로^{inaperçue} 지나가버린다.

이러한 경우를 내가 이미 고려하고 있었다는 점을 우리는 기억할 것이다. 자신의 부재로 인해(혹은, 당신이 다음과 같은 표현을 원한다면, 인민 속으로 절반은 용해$^{quasi-dissolution}$됨으로써) 비가시적인, 그리고 개입하지 않는 힘, 구체적으로 보자면 이는 하나의 비가시적인 힘을 위해 그러한 식으로 작동하는 수많은 이데올로기적 장치들(이 이데올로기적 장치들이 **존재하고 있다는 사실만이** 가시적 효과—이 가시적 효과는 '연성 정신의학'이라든지 교육이라든지 등등에서 말하는 사랑할 수 있는 대상^{aimables}과 정확히 동일하다—를 가능케 한다)의 경우이다.

하지만 그래서 이 국가라는 용어에 도달한 뒤 무엇이 남는지를 질문해본다면, 우리는 그람시가 이데올로기에 대해 그토록 말을 아꼈으며 '헤게모니적 장치들'의 헤게모니적 효과의 원인에 대해 침묵했다는 점이 우연이 아니라는 것을 간파하게 된다.

무엇을 할 것인가?

우리가 믿는 바와는 반대로, 국가 전체를 요약^{résumer}해버리는 '헤게모니'[라는 통념]는 이데올로기와 아무런 관계도 맺고 있지 않다. 이러한 헤게모니는 모두에게 강제되며 모두가 받아들이는 가치들과 관념들의 평화롭고 보편적인 지배가 아니다. 전혀 그렇지 않다. 이러한 헤게모니는, 머리끝에서부터 발끝까지, 이 용어의 그람시적 의미에서(하지만 그가 정의한 적은 전혀 없는) **정치적**이다. 이러한 정치는 모든 인간의 '체험^{vécu}' 그 자체인 동시에 '체험'이 인간의 본질과 인간 **활동**의 본질(위에서 이미 다루었기에 기억하겠지만, 이 **활동**은 그 어떠한 철학이든지 간에 철학 그 자체의 본질이다—다시 한 번 상기하자면, 그람시에게 모든 것은 철학이다)을 구성한다는 사실 그 자체이다.⁶⁵⁾ 이러한 정치는 게다가 동시에 발생하는데, 이 두 번째 결정 요소는 첫 번째 결정 요소[즉 정치가 모든 인간의 '체험'인 동시에 이 '체험'이 인간의 본질과 인간 활동의 본질을 구성한다는 사실이기도 하다는 점]의 원인이다. 또한 무엇보다도 이는 정치를 행하는 이들, 다시 말해 (다양한 정도 차이를 지니는) 모든 인간의 의식 속에서 '명령할 수 있는 자리에 있는 정치'이다. 여기에서 정치가 항상 그람시적 의미에서, 다시 말해 경험주의적 의미에서 정치라는 점은 이 정치의 운명을 이해하기 위한 핵심이다. 하지만 이는, 하나의 아름다운 윤리적 통일체가 홀로는 생산될 수 없으며 또한 정치적 활동으로서의 기나긴 투쟁의 과정—여기에서 당의 개입은 필요불가결하다— 이라는 관점에서 이 통일체를 생산해야 한다는 점을 매우 잘 알고 있는, 이데올로기적 가치가 역사의 동력이 아니며 이 이데올로기적 가치는 '규제된 국가' 안에 존재하는 인간에게 정치에 의해서만 강제될 수 있을 것이라는 점을 매우 잘 알고 있는, 그람시라는 한 명의 진정한 정치가이자 마르크스주의자의 사유이다.

그러므로 여기에서 다시 제기되는 질문은 다음과 같다. 매우 고전적인, 그리고 마르크스와 레닌과 관련해 새로운 그 무엇도 우리에게 제시해주는 것이 없는, 그리고 결국에는 매우 빈곤하기 이를 데 없는 [그람시의 사고 과정의 이러한] 최종 결과를 연역해야 했으며, 심지어 그것도 왜 구태여 마르크스와 레닌에게는 낯선 개념과 사유의 체계에서 이 최종 결과를 연역해야 했던 것인가? 우리는 구태여 왜 이 모든 그람시의 '발견들'(이 '발견들'은 우리가 이 '발견들'을 발견하고 앞으로 나아감과 동시에 제거되어버린다)을 경유해야만 했는가? 구태여 왜 이토록 단순하고 이미 잘 알고 있는 결과에 도달하기 위해 헤게모니에 관한 이 모든 공중곡예를 해야만 했는가? 그 이유를 우리는 다른 곳에서 발견할 수 있다.

또다시 헤게모니 안에서, 그러니까 이 헤게모니의 세 번째 의미에서 말이다! 진정 그람시는 피지배계급의 권력 쟁취 이전의 '자신의 헤게모니'를 확보해야 할 필요성을 매우 열렬히 강조했던 최초의 마르크스주의 이론가였다. 마르크스주의의 모든 고전들은 적절하고도 분명한 방식으로 다음의 두 가지를 말했다. 1) 노동자

계급의 전위는 자신의 영향력을 최대한으로 확장해야 하며 '자신의 관념'이 가장 많은 수의 지지자들에게(노동자계급뿐만 아니라 프티부르주아지와 지식인에게까지도) 수용되도록 만들어야 한다. 2) 노동자계급의 당파는 자신의 영향력, 자신의 '헤게모니'를 자신과 가까운 대중 조직들에까지 확장해야 하며, 권력 쟁취에 필수 불가결한 동맹(이 동맹이 없다면 프롤레타리아의 투쟁가는 '고독한 장송곡'이 될 수도 있다)을 이 조직들과 함께 형성해야 한다. 그람시는 이 두 가지 테제를 지지하지만, 그는 이 두 가지 테제에 세 번째 테제를 추가한다. 노동자계급은 '권력 쟁취' 이전에 사회 전체 안에서 헤게모니적인 것이 되어야 한다는 테제를.

그렇다면 '헤게모니'는 도대체 무엇을 의미할 수 있는가? 훌륭한 마르크스주의 정치가로서 그람시의 답변은 명확하다. 헤게모니는 당파의 관념이 취하는 영향력과 그 관객audience을 사회 전체로(그람시에게서 이 사회 전체는 사회주의적 사회가 되기도 전에 기적과도 같이 마르크스주의적인 사회가 된다) 확장하는 것, 국가를 장악하는 것일 뿐만 아니라(왜냐하면 우리는 국가의 장악을 예비하는 것일 뿐이기 때문에) 또한 시민사회 권력의 중심들을 장악해 [결국] 시민사회 그 자체를 장악하는 것이기도 하다.

이는 국가와의 관계 속에서 시민사회가 차지하는 위치 안에서만 이해 가능하다. 정말로 우리는 그람시를 따라 국가의 두 '계기들'이라는 배치dispositif를 다음과 같은 하나의 공간적 은유에 따라 표상할 수 있다.[66] 국가는 고립된 작은 공간 혹은 요새와 같이 중심에 있으며, 힘은 벽으로 둘러싸인 곳의 안쪽에 그리고 이 벽의 뒤에 자리하고 있다. 그리고 드넓은 평야 속 이 요새-국가에 깊이 파인 참호와 포곽의 망이 펼쳐져 있다. 이 망, 이것이 바로 시민사회이다. 우리는 국가가 힘에 불과할 때, 이 망이 '[젤라틴과 같이] 걸쭉'하다는 점을 이해하게 된다. 그리고 바로 그렇기 때문에 국가를 취하는 유일한 방법은 러시아의 겨울궁전에서 그러했던 것과 같은 전면적 공격뿐이다. 하지만 우리는, [러시아에서와 달리] 우리 국가들[서유럽의 국가들]에서 이 망이 훨씬 더 빽빽하며 깊이 파여 있다는 점을 '보게' 된다. 그래서 한 걸음 한 걸음, 그리고 참호 하나하나씩 이 망을 장악하고 모든 시민사회를 취해야 한다. 이러한 방식을 활용한다면 국가는 더 이상 방어되지 못할 것이며 우리는 그 안으로 진입할 수 있을 것이다.

바로 이 지점에서 우리는 그람시 사유의 근본을 보게 된다.[67] 그람시 사상의 핵심은, 우리의 이탈리아 동지들이 다음과 같이 즐겨 말하듯, 강고한 포곽망, 그러니까 강고한 시민사회와 함께 '발전된dévelppés' 자본주의 국가들 안에서의 권력 쟁취를 위한 대안, 즉 하나의 전략이다. 그람시적 영감이 가득한 이 '진지전'이라는 전략은 '유로공산주의'를 표방하는 오늘날의 모든 공산당들—피에르 로랑Pierre Laurent은 [1978년 5월 13일자-편집자]《뤼마니테》에 기고한 자신의 글에서 이 '유로공산주의'를 공개적으로 지지했다—에게 영감을 불어넣고 있다.[68] 나는 이 진지전이라는 전략이 우리의 흥미와 '성찰'을 요구할 자격을 지닌다는 점을 이해할 수 있다.[69]

나 자신의 입장에서 다음과 같이 언급하고자 한다.

그람시가 '시민사회'에 관해 언급할 때, 사실 그는 이 '시민사회'를 두 가지 방식으로 정의하고 있다. 나는 그람시 사유의 문제 설정적 일관성에 모든 가능성을 부여하기 위해 이 두 번째 방식에 대해서는 지적하지는 않았다. 하지만 사실 그람시는 시민사회에 대한 정의를 '헤게모니적 장치들' 전체로 한정하지는 않는다. 왜냐하면 만일 우리가 그람시의 사유에서 국가를 제거하고 나면, 그리고 헤게모니적 장치들을 제거하고 나면 아무것도 남지 않기 때문이다. 하부구조, 즉 그람시가 그토록 은밀하게 기반을 둔 하부구조를 제외한다면. 혹은 만일 당신이 '경제적인 것'이라는 표현을 더 선호한다면, 바로 경제적인 것 혹은 모든 종류의 기업들과 소비, 가족적 삶만이 남게 된다. 위에서 언급된 이 '조직들' 또한 시민사회의 일부를 이루고 있는가? 그람시는 이에 대해 말해주지 않는다. 우리는 엄격하게 보아 기업들, 가족들 등등이 '헤게모니적 장치들'이라고 말할 수 있을 것이다. 하지만 혼란스럽게도 그람시는 이렇게 말하는 것이 아귀가 잘 맞지는 않는다는 점을 스스로도 이해하고 있다. 가족에 대한 논의에서는 아귀가 맞을지도 모르겠다(나는 가족에 대해 다루었던 바 있다[70]). 하지만 기업

안에서는 헤게모니가 존재함에도 아주 작은 무언가가, 이 또한 고려되어야 하는 무언가가, 즉 **잉여가치의 착출**extraction이 나타난다. 그람시는 하부구조에 대해 언급하지 않을 만큼, 그리고 이 하부구조를 시민사회 내에 위치시키지 않을 만큼 이 하부구조에 대해 잘 알고 있다. 그러므로 그람시의 체계 안에는 하나의 거대한 공백이 존재하고 있다. 생산관계, 그리고 착취와 관련된 모든 것, 또한 그 물질적 조건을 구성하는 모든 것, 즉 자본, 제국주의(하지만 그람시는 자본과 제국주의에 대해서는 한마디도 하지 않는다), 노동력, 그리고 노동력의 재생산 등등. 그람시가 넓은 의미에서의 '시민사회', 그러니까 고전적인 의미에서(즉 국가가 아닌 모든 것), 부르주아적 의미에서 시민사회를 언급할 때, 그는 이 '시민사회'라는 단어를 말하는 것만으로 만족하고 만다. 이는 그람시가 논증 과정에서의 필요성 때문에 지나가는 말로라도 이 '시민사회'라는 단어를 언급해야 하기 때문이다. 하지만 **그람시는** 이 거대한 백색 지대[즉 이론적 공백]의 ('최종심급에서 결정적인') 현실, 세부 지점, 메커니즘 그리고 역할로 **절대 진입하지 않는다**.

4-4-2

3장

그람시인가 마키아벨리인가?

바로 이 지점에서 그람시가 마키아벨리에게 품는 순수하고도 무조건적인 존경심이 그 모든 의미를 드러내게 된다.[1] 이를 통해 바로 다음과 같은 질문을 우리가 던질 수 있기 때문이다. 마키아벨리가 한 것은 도대체 무엇이었는가? 마키아벨리는 가장 처음으로 유한 귀족과 고리대 귀족noblesse oisive et usuraire에 대한 능동적actifs 부르주아지[즉 생산하는 부르주아지]의 계급투쟁과 계급지배에 관해 말했다. 마키아벨리는 **생산적** 부르주아지의 계급지배가 하나의 규정된 정치적 형태에 의해서만, 즉 '단 한 명'[2]에 의한 절대군주제―하지만 하나의 국민국가를 정초하기 위한 목적으로, 그리고 덕vertu과 간지奸智, ruse[꾀]를 활용해, 게다가 덕(도덕morale)을 간지와 가장假裝, feinte에 (그리고 반역/배반forfaiture과 잔혹cruauté이라는 최악의 수단에까지[3]) 종속시키는 능력을 발휘해 인민peuple을 통치하기 위한 목적으로, 귀족을 자신의 기반으로 삼지 않고 대신 부르주아지를 자신의 기반으로 삼는 절대군주제―라는, 그리고 마키아벨리에게서 번역 불가능한 유일한/독특한unique 이름, 즉 '**비르투**virtù'[4]라는 이름을 지니는 '단 한 명'에 의한 절대군주제라는 규정된 정치적 형태에 의해서만 보증될 수 있다는 점을 보여주었다. 마키아벨리 안에서 이미 모든 것이, 즉 국가 이론과 국가의 두 계기들, 다시 말해 '짐승'(힘)과 인간(동의)[5]이라는 두 계기들이 존재하고 있다. 비록 마키아벨리에게서 이 모든 것에는 그람시가 가지고 있는 계기들과는 다른 것이 많이 존재하고 있지만 말이다. 왜냐하면 마키아벨리에게서 짐승은 사자(난폭한 힘)와 여우(간지와 가장)[6]로 동시에 **양분**되며 결국 여우는 비르투, 혹은 정세conjoncture—'운fortune'일 수도 있고 아닐 수도 있는 '기회occasion'[7]—의 요구에 따라 자신의 의지대로 힘과 동의(헤게모니)를 활용할 수 있는 능력일 뿐이기 때문이다. 하지만 동시에 이는 그 이상의 것이기도 한데, 왜냐하면 이러한 간지의 능력은 결국 가장할 수 있는 힘, ~인 체faire semblant 할 수 있는 역량(덕을 소유하고 있지vertueux 않으면서도 덕을 소유하고 있는 것처럼 보일 수 있는 역량, 그리고 특히, 이것이 훨씬 더 어려운 것인데, 덕을 소유하고 있으면서도 덕을 소유하고 있는 것처럼 보일 수 있는 역량[8])으로 환원되기 때문이다.[9]

이를 통해 마키아벨리는 이데올로기(그리고 무엇보다도 이는 '**군주**[10]의 형상figure du Prince'이라는 이데올로기적 표상인데, 이 이데올로기적 표상 속에서 '군주의 형상'은 우리가 보는 바 그대로의 군주, 즉 자신의 위엄과 문자 그대로 자신의 '이미지'라는 후광에 둘러싸여 있는 군주에 의해 '표상'되는 국가의 이데올로기에 통합된다. 그런데 이 '이미지'는 군주의 특징, 군주의 태도 그리고 군주의 몸짓으로부터 우리가 관찰할 수 있는 모든 것에서 명백히 드러나며, 이 특징, 태도 그리고 몸짓은 이러한 '이미지'에 활용되기 위해서만 그곳에 존재하고 있는 것이다[11])가 여러 종류의 동의들 가운데에서 최고의 동의를 만들어내기 위해 필수적인 종교의 형태하에서든(동의는 통합된 하나의 군대armée unie[12]뿐만 아니라 또한 하나의 인민을 유지하는 데 있어서도 어쨌든 가장 고유한 것[핵심적인 것]인데, 왜냐하면 종교는 인민대중의 동의의 형태들 가운데 **가장 불변적**인 형태라는 점에서 최고의 형태, 그리고 가장 안전한 형태이기 때문이다), 군대 안의 전체 남자^{hommes} 인민을 동원한다는 점에서, 그리고 보병대(평범한 남자들, 그리고 무엇보다도 평범한 농민들로 구성된)에게 기병대(말을 소유하고 있는 귀족들이 구성하는 전통적 형태의 군단^{corps})에 대한 우위를 제공한다는 점에서, 하나의 군사적 원칙일 뿐만 아니라 또한 병사-시민들에게서 이데올로기적 변형의 효과들을 생산하는 수단, 다시 말해 동의된 규율의 통일체를 실천 속에서 이 병사-시민들에게 가르치는, 그리고 말에 올라탄 귀족들을 그에 걸맞게 대접하는(그러니까 진정한 병사인 생산적 시민들의 우두머리로서가 아니라 이 시민들의 보조수 정도로 취급하는[13]) 진정한 정치학교이기도 한 **군대 덩어리**라는 형태하에서든, 모든 국가권력에서 이 이데올로기가 구성적이라는 점을 보여줌으로써 그람시보다 훨씬 멀리 나아간다.[14]

우리는 마키아벨리를 그토록 찬양했던 그람시가 자신의 스승 마키아벨리에 비하면 얼마나 [사상적으로] 빈약한지를 보게 된다. 왜냐하면 그람시는 마키아벨리와 같이 국가 안의 '헤게모니'에 대해 힘(즉 군대)의 '계기'가 취하는 우위를 주장한 적이 전혀 없기 때문이다. 마키아벨리에게서는 명명백백히 존재하고 있는 이 힘은 그람시에게서는 헤게모니로서의 국가라는 개념 속에서 순수하고 단순한 자신의 소멸을 준비하기 위해서만 존재하는 것으로 보인다.[15] 그리고 그람시가 이 힘이라는 단어를 사용할 때, 그는 난폭하고 벌거벗은[노골적인] 힘으로서의 힘(즉 텅 빈 머리에 근육만을 가지고 있는, 마키아벨리적인 '사자'의 형상)만을 떠올렸다. 그람시는 힘이 생산적이고 비옥할 수 있다는 점을, 그리고 이 힘이 헤게모니의 효과를 생산할 수 있는 장소로서의 전략(군대에 통합시킴으로써 시민들을 정치적으로 교육하기) 속으로 들어가기에 적합할 수 있다는 점을 전혀 생각하지 못했다. 그람시는 짐승이 힘(즉 사자)과는 다른 것일 수 있다는 점을 전혀 생각하지 못했다. 다시 말해 간지, 즉 그 이성 전체가 **가장**할 수 있는 힘에 달려 있다는 점에서 '인간'(이 '인간'은 도덕적 덕과 선에 대한 인정을 표상한다)보다 더욱 무한히 지적인 독특한singulière 짐승으로서의 여우를 말이다. 그리고 그람시는 가장이 국가와 공실체적/동질적consubstantielle이라는 점을, 혹은 오히려 군주의 정치 전략과 공실체적/동질적이라는 점을, 그리고 무엇보다도 이러한 표상, 인민에게 활용되기 위해 존재하는 이러한 군주의 '이미지'(이 '이미지'가 존재하지 않는다면 국가권력이란 존재하지 않을 것이다. 왜냐하면 존재하기 위해서는 이 권력이 인민에 의해 인정되어야 하는데, 이 인민은 국가권력 속에서 자기 자신을 인지할 때에만 국가권력을 인정할 수 있기 때문이다. 다름 아니라 바로 이 '이미지' 자체에 의해 거부할 수 없는 것이 된 국가의 장으로서 군주라는 이데올로기적 '이미지' 말이다)를 전혀 이해하지 못했다.

이를 통해, 그람시의 침묵과는 대조적으로 마키아벨리는 다음과 같은 질문, 즉 그러면 도대체 '헤게모니적 장치들'을 제대로

작동하게ⁱfaire marcher 할 수 있는 것은 무엇인가라는 질문에 답변했
다. 그람시의 침묵과는 대조적으로 마키아벨리는 **이데올로기**―그
주요 기능 중 하나인 정치적 기능을 통해 성찰된 **이데올로기**―[라
는 문제]에 답변했다. 이를 통해 마키아벨리는 자신만의 이데올
로기론을 발전시킨 것이다. 달리 말해 그는 국가가 자신의 헤게
모니를 행사하기 위해서는 하나의 국가 이데올로기가 유기적
필연성을 지녀야 한다는 점을, 그러니까 헤게모니가 이데올로
기를 따라 작동한다는 사실과 헤게모니를 헤게모니의 효과들로
정의하는 것은 충분하지 않으며(이는 하나의 동어반복에 지나지 않으
므로) 효과가 아닌 그 '동력'으로, 그러니까 **국가에 유기적으로 연결
되어 있는 이데올로기**로 헤게모니를 정의해야 한다는 점을 인정한
것이다.

　　이를 통해 마키아벨리는 국가의 기능이 지니는 하나의 측면
전체를 이해하기 위해 필수적인, 그리고 이데올로기의 정치적, 그
러니까 물질적 지위를 이해하기 위해 필수적인 개념으로서 이데
올로기적 국가 장치라는 개념에 이르는 길을 처음으로 개척했던
것이다. 그리고 이데올로기에 대한 것을 말하고자 할 때, 분명 이
이데올로기라는 용어를 전혀 사용하지 않는 마키아벨리는, 단어
그 자체(혹은 이 단어와 동일한 가치를 지니는 것들)에 만족하지도, 그람
시가 항상 그러하듯 단어를 통해 지시된 사물을 **묘사**하는 것에 만
족하지도 않는다. 그람시와 달리 마키아벨리는 이데올로기에 대

한 잠재적 이론으로 이끌어주는 구체적 탐구recherche로 실제적으로 진입한다. 마키아벨리는 군주의 '이미지'라는 이러한 이데올로기를 생산하는 가장의 조건들과 형태들에 대한 그의 이론을 통해서뿐만 아니라, 또한 인민 중 군대—이 군대 안에서 자신의 말에 올라탄 귀족들은 시민들[즉 보병대]보다 한 단계 낮은 위치로 격하된다—에 집결한 모든 시민에게서 (폭력적 효과이기는커녕) 동의의 효과일 뿐만 아니라 또한 이데올로기의 변형이라는 효과이기도 한 이데올로기적 효과들을 생산하는 데에 고유한 것으로서의 힘에 관한 자신의 이론을 [통해서-편집자]도 구체적 탐구로 실제적으로 진입한다.

푸코가 그토록 잘 설명했듯 힘이 생산적일 수 있다는 점(이 지점에서 푸코는, 모든 사자가 회색이라는 식의 일반성 속에서 길을 잃지 않고 자신의 탐구를 더욱 심화시키기 위해, 아마도 마키아벨리를 다시 읽어볼 필요가 있을 것이다[16]), 어쨌든 힘이 이데올로기를 생산할 수 있다는 점, 자 바로 이것이 이데올로기에 관한 이론 전체의 핵심이다. 왜냐하면 푸코의 설명은 마키아벨리 이후 500년 뒤에, 그리고 마르크스 이후 100년 뒤에 우리가 다시 말하고자 하는 바, 즉 이데올로기가 '관념들'이 아니라 어떠한 특정한 물질성, 즉 이데올로기를 실현하는 '장치들appareils'의 물질성이라는 점을, 물질성과 장치 모두를 동시에 말하자마자 우리는 마키아벨리와 동일하게 힘에 대해서 말한다는 것이 너무나 명확해진다는 사실을 고려하지 않고서는 이데올로기에 관한 이론을 전개할 수 있을 거라고 절대 기대할 수 없다는 점을 매우 정교하게 말하고 있기 때문이다.

분명 이러한 힘은 사자의 힘이 아니라 여우의 힘이며, 여우의 힘의 핵심은 물리적 폭력의 효과이든 가장의 효과이든(이 가장은 바로 클로드 르포르가 지적하듯 표상이며[17], 나라면 이를 이데올로기라고 불렀을 것이다. 하지만 르포르와 내가 단어의 선택을 가지고 논쟁을 할 이유는 전혀 없다. 우리는 이 점에서 서로의 주장에 동의하기 때문이다) 이를 생산해내기 위해 사자의 힘을 분별력 있게 활용할 줄 아는 것이다. 마키아벨리가 한편으로는 사자의 형상을 하고 있는 '짐승'으로서의 국가권력과 다른 한편으로는 여우의 형상을 하고 있는 '짐승'으로서의 국가권력이라는 이 이중의 능력에 대해 사고한다는 점은 이론적으로 매우 심원한 중요성을 지니고 있다. 그러므로 마키아벨리가 (정치적 능력들을 사자와 여우의 비-심리학적인 개념들로 사고하기 위해서) 군주-개인의 모든 주체성의 바깥으로 이 정치적 능력들을 쫓아내버린다는 점, 마키아벨리가 이탈리아 국민국가를 정초하기 위해 그럼에도 그 도래를 기원하는 군주-개인을 완전히 추상[생략]한다는 점, 그리고 이러한 추상이 이 군주-개인의 도래를 위한 정치적 조건들의 일부를 이룬다는 점(이 군주-개인은 이탈리아의 어느 곳에서 돌발surgissant할 것인지 알 수 없는, 그리고 우선시해야 할 그 어떠한 정치적 자격도 지니고 있지 않은, 전혀 알려지지 않은 누군가'일 수 있는' 것이 아니라 전혀 알려지지 않은 누군가'이어야만' 한다.[18] 이는 어떠한 군주 혹은 체제이든, 그리고 특히 어떠한 현존하는 공화국들이든 국민국가의 정초를 위해 기다려야 할 것이 전혀 없다는 점을 의미한다. 왜냐하면 이 군주들, 체제들 그리고 공화국들 모두는 우리가 쓰러뜨려야만 하는 낡은 봉건 세계에 속해 있는 것이고, 우리는 새로운 군주하의 새로운 국가를 정초하기 위해 이 봉건 세계의 **국가 형태들을 파괴**해야만 하기 때문이다), 이는 [마키아벨리가-편집자] 정치가로서, 그리고 유물론자로서 사고한다는 점을, 그리고 '인간주의'의 지배하에서 사고하면서도 근본적이고 급진적으로 '인간주의'에 반대하는 마키아벨리가 정치는 개인과 관련된 것이 아니며 대신 전략, 노선 그리고 이러한 전략을 실현하는 데 있어서 그 고유한 수단들과 관련된 것이라는 점을 증명해주는 것이다.[19]

이 **군주**라는 개인의, 그리고 그의 덕^{vertus}과 악덕^{vices}의 지속적 존재가 마키아벨리를 표면적으로만 이해하는 독자들, 하지만 어쨌든 마키아벨리에게 관심을 기울이는 독자들에게 강요하는 모든 외양들에도 불구하고, 마키아벨리는, 만일 국가권력의 형태가 한 명의 개인이라는 형태를 취해야만 한다면, 이는 정치적 조건들이 봉건제 국가의 파괴라는 문제에 대한 잠재적인 유일한 해결책으로 이러한 국가 형태[즉 군주-개인이라는 한 명의 개인이 국가권력을 취하는 형태]를 요구하기 때문이라는 점을 잘 알고 있으며 이를 [명확히] 언급하고 있다. 게다가 이 군주-개인은 '한 명의 인간'이 거의 아니라고 볼 수 있기에, 한 개인이 **군주**가 되는

것, 다시 말해 이러한 믿기 힘든 본성[자연]―'여우-사자-인간'
이라는 삼요소[20] 혹은 중심을 전혀 가지고 있지 않은, 그리고 이
세 '계기들', 즉 이 세 '심급들'을 통합하는 '나'를 가지고 있지 않
은, 인간이라는 조건하에서만(그리고 실제로 인간이라면 좋긴 하겠지만
이는 또한 굉장히 위험한 것이기도 할 텐데, 왜냐하면 이 동일한 '인간'이 상황
이 요구하자마자 더 이상 '인간'이지 않을 수 있는 능력을 절대적으로 갖추고
있어야 한다, 강해져야 할 때에 그리고 모든 도덕적인 덕을 무시해야[21] 할 때에
는 '더 이상 좋지/올바르지/선하지bon 않을 줄 알아'야 한다는 점에서 중대한
난점이 비롯되기 때문이다[22]) '인간', 즉 도덕적 주체일 수 있는 이러
한 토픽topique[23]―이 되기 위해 인간이기를 멈추는 것을 마키아벨
리는 '기묘한 모험'이라고까지 말하는 것이다.[24]

아니다, **군주**는 본성[자연]에 의해 혹은 이성에 의해 덕과
악덕을 행할 수 있는 한 명의 인간 **주체**인 개인이 아니다. **군주**는
중심적 주체가 없는, 다시 말해 이 **군주**에게 자신의 객관적 기능
들의 종합을 부여해줄 주관적 통일체unité로서 중심적 주체가 없
는, 그러한 심급들의 하나의 체계이다. 그리고 이 **군주**는 이 심급
들의 체계의 전략적 활용 없이는, 그러니까 이 심급들의 전략적
실행/적용 없이는 아무것도 아닌 것과 다름없기 때문에, 우리는
또한 당연하게도 다음과 같이 말할 수 있다. 군주는 하나의 정치
적 전략이고 이러한 자격으로 이 **군주**는 '주체 없는 과정procès sans
sujet'인데[25], 왜냐하면 **군주** 그 자체이기도 한 이 전략이라는 것 속

에서, **군주**는 우리가 새로운 국가로 파괴하고 교체해야 하는 봉건 국가들에 대항하는 생산적 부르주아지의 투쟁 전략을 표상할 뿐이기 때문이다.

이를 말하는 것은 여전히 그리고 항상[항상-이미] 이데올로기에 대해 말하는 것이다. 왜냐하면 이러한 전략은 생산적 인민이 이러한 전략 속에서 스스로를 인지하고 이러한 전략을 **자신의 것**으로 인지한다는 조건하에서만 실현될 수 있기 때문이다. 마키아벨리는 유토피아주의자가 전혀 아니다.[26] 마키아벨리는 '자신의 연구실 안에서', 그러니까 방 안에서 '독백'을 하면서(조르주 마르셰[27]) **인민을 위한 하나의 전략**을 사고하지 않는다. 극단적으로, 마키아벨리는 사고하는 이가 심지어 자기 자신, 즉 마키아벨리라는 주체-개인조차도 아니라고 말할 것이다(그리고 우리는 마키아벨리의 몇몇 텍스트들의 집필과 그 미-출간이라는 조건 속에서 그의 이 몇몇 텍스트들이 지니는 특정한 강조점들을 통해 우리의 이러한 인상impression을 확인할 수 있을 것이다). 심지어 마키아벨리 스스로가 다음과 같이 말하고 있다. 자기 자신 안에서 사고하는 것은 정치적 역사 전체라고, 그리고 보다시피 이는 정말로 사실이라고, 자신의 저작에서 명료히 사고하고 있는 것은 바로 로마라고, 또한 프랑스 왕국, 이탈리아의 정치적 '비참', 그 공백vide, 그리고 그 무néant가 말하고 있는 것이라고, 그리고 이는 봉건국가들을 끝장내고 프랑스와 스페인이 만들 줄 알았던 것, 즉 국민국가를 구축하기 위해 모든 조각들[즉 이탈리아 전역]에서 이탈리아 인민대중을 조립해내고자 하는, 감정에 매달리는 가련한 호소라고.

하지만 자신의 근본적 문제에 대해 사고하는 것이 마키아벨리 자신이 아니라 이탈리아의 역사와 인민이라는 것만으로는 충분하지 않다. 이에 더해, 제시된 전략(그리고 또한 우리는 마키아벨리가 **군주**만큼이나 동일하게 이러한 전략**이라고**[군주 그 자체인 것과 마찬가지로 전략 그 자체라고] 말할 수 있다)이 인민대중masses populaires에게 받아들여져야 하며 이 인민대중이 이 전략 속에서 자신을 인지해야만 한다.[28] 그러므로 이 전략 그 자체가 대중을 **군주**(물론 우리는, **군주**가 되기 위해서는 그가 이러한 전략을 실현해야만 한다는 점을 제외하고는, 이 **군주**에 대해 그 무엇도 알고 있지 못하다) 주위로 집결해야만 한다는 관념을 받아들이게 만들기 위해 동의와 확신의 효과들을 생산해내는 하나의 **이데올로기**의 형태하에서 제시되어야만 한다.

따라서 이데올로기는 국가의 존재와 그 기능 작용fonctionnement에서뿐만 아니라 인민에게 이러한 전략을 제시할 때도, 그리고 그 인민적 표상에도 필수 불가결하다. 새로운 국가의 구성 이전에 일종의 헤게모니가, 이러한 전략의 관념에 대한 헤게모니가 필요하다. 이 전략의 관념에 대한 헤게모니가 새로운 국가의 도래 이전에 대중을 사로잡아야만 한다. 그렇지 않다면, 만일 어떠한 한 명의 '**높은 덕성의**virtuoso' 개인이 새로운 국가의 구성이라는 과업에 착수한다고 할지라도, 그리고 그가 자신의 주머니 속에 세상의 모든 운을 지니고 있다고 할지라도, 이 새로운 국가는 구성될 수조차 없을 것이다. 만일 인민이 이 **'높은 덕성의'** 개인을 이러한 전략을 실현할 수 있는 이로 인지하지 않는다면, 그러니까 **인민**이 군주에 대해 판단을 내리기 위해 이러한 전략의 관념에 깊이 젖어들지 않는다면[이러한 전략의 관념에 확신을 가지지 못한다면], 이 **'높은 덕성의'** 개인은 자신의 대의를 잃어버리고 말 것이다.

　새로운 국가에서만 탄생할 수 있는 이데올로기적 효과들을 어떻게 예상할 수 있는가, 단순히 이 새로운 국가가 탄생하기 위해서만이라도 이 이데올로기적 효과들을 새로운 국가의 탄생 이전에 생산해야 하면서도 말이다. 이 원환은 국가권력의 장악 이전에 헤게모니를 실현해야 한다는 자신의 테제를 통해 그람시가 해소했던[해소했다고 순진하게 믿었던] 그러한 원환이다. 하지만 자신의 테제의 타당성/유효성^{validité}을 추상함으로써, 그람시는 최소한 자기 자신에게는 이 원환이 해소된 것처럼 보였을 것이다. 즉 그람시에게는 이 원환이 부재한 것처럼 보였던 것인데, 왜냐하면 그는 어떠한 한 새로운 국가의 구성에 선행하는 이러한 헤게모니를 구성할 수 있는 수단, 즉 공산당을 가지고 있었기 때문이다. 그람시는 말한다. 이 공산당이 바로 '현대의 **군주**'라고. 하지만 그는 틀렸다.

　우선, 당은 한 명의 **군주**가 아니다. 이를 통해 나는 그가 한 명의 개인이 아니라는 점을 말하고 싶은 것이 아니라, 그가 하나의 완전히 다른 전략이라는 점을 말하고 싶은 것이다. 봉건제 국가의 파괴와 또 다른 착취적 국민국가의 정초를 위한 전략이 아니라, 부르주아 국가의 파괴와 그 착취와 억압을 제거하는 과업을 부여받은^{destiné} 혁명적 국가를 정초하기 위한 전략. 그다음으로, 그람시는 단어들을 가지고 장난을 친다. 그람시는, 이 점에서 그가 문자 그대로 취하는 마키아벨리의 일련의 표현들 전체에 준거하여(이 표현들이 어떠한 [대문자] 여우에게서 유래하는지를 성찰하면서 이 표현들을 아주 조심스럽게 다루어야 하는데도 말이다), **군주**의 돌발^{surgissement}이 이데올로기(이 **군주**의 도래 자체를 가능케 했을)를 생산할 것이라는 점을 전제한다. 간단히 말해, 그람시는 자신이 마키아벨리에게 제기했던 질문의 흔적 전체를 제거한다. 즉 **군주**가 존재할 수 있기 위해서는 헤게모니(혹은 헤게모니와 같은 특정한 무언가)가 선행적으로$^{au\ préalable}$ 실현되어야 한다는 질문 말이다.$^{29)}$

진실을 말하자면, 마키아벨리는, 지각 있는 정치가로서, 이러한 모순을 온전히 자신의 것으로 떠맡는다. 그리고 마키아벨리는 이 모순을 타고난 정치가인 그가 현실만이 중요한 정치가로서 자신이 가지고 있고 활용할 수 있는 **유일한** 수단들만을 가지고 해결한다. 마키아벨리의 해결책은 **군주**의 전략이라는 하나의 전략을 취하는 것, 그리고 이러한 전략으로서 자기 자신을 **여우−사자−인간**$^{30)}$으로 변형하는/행동하는$^{se\ conduire\ en}$ 것이다.

인간Homme: **군주**는 우리가 그의 모든 이성 작용raisonnements과 그 엄밀함, 그리고 그의 결정에 대한 이론의 여지를 없애버리는 거대한 문헌 자료documentation 속에서 볼 수 있는(그래서 우리는 절대로 군주를 비판하지 못한다) 자신의 지적 정직함으로 인해 인간이 된다.[31] **인간**: **군주**는 공공의 선bien public과 이탈리아의 안녕에 대한 그의 정념[열정]으로 인해 인간이 된다. **인간**: **군주**는 자신의 국가의 인민이 겪는 모든 불행들, 즉 침략, 끝없는 전쟁, 외세에 복속당함, 부당 징수, 범죄, 귀족에 의해 생산적 부르주아지가 착취당하는 것, 그리고 대★부르주아지에 의해 치옴피가 착취당하는 것[32], 이 모든 불행들에 대한 비장한 동감으로 인해 인간이 된다. **인간**: **군주**는 그가 자신의 국가의 모든 인간들에게 (이 인간들이 자신들을 구원해줄 전략을 인지하고 결국에는 하나로 연합하도록) 외치는 집결의 **호소** 속에 존재하는 이러한 억압된contenue 혹은 해방된 정념으로 인해,《군주론》의 결론과 열 곳의 다른 구절들에 영감을 불어넣는 이 놀라운 정념으로 인해 인간이 된다.[33]

사자Lion: **군주**는 자신의 힘을 자신의 전투에 활용함으로써 사자가 된다. 하지만 이 힘은, 진실을 제대로 말하자면, 허약한 힘, 거의 아무것도 아닌 힘이다. 마키아벨리가 행한 것은 정치에 대한 실천적 실험이었으며, 그는 공적 문제에 책임을 지는, 하지만 [마키아벨리가 최고 권력자 집단에 속하지는 못했으므로] 한 단계 낮은 수준의subalternes 책임을 지는 관료로서 이러한 실험을 행했다. 비록 마키아벨리가 자신의 시대에 매우 높은 위치에 올라 있던 이들 대부분, 그러니까 강력한 이들[최고 권력자 집단에 속해 있던 이들]과 일정한 관계를 맺음으로써(하지만 이 강력한 이들 자체가 죽어버렸거나 혹은 이 강력한 이들과 맺었던 관계 자체가 소멸해버린다) 이들 대부분과 함께, 그리고 진정으로 위대했던[강했던] 한 인간, 하지만 로마에 당도해야 했음에도 거우 라벤나의 늪지대에서 열병으로 인해 정신을 잃고 과업에 실패한 한 인간 체자레 보르자Cesare Borgia[34)]와 함께,[35)] 마지막에는 좋은 집안에서 태어나 뛰어난 재능을 가지고 있었던 청년들을 재정적으로 지원해줌으로써[36)] 정원의 나무 아래에서 이들과 맺었던 우정과 함께 이 실험을 해나갔음에도 말이다.

여우Renard: 여우는 완전히 다른 것이다! '인간'과 함께, 여우는 마키아벨리의 진정한 힘, 가장 큰 힘이다. 여우: 인간-**군주**가 '좋지/올바르지/선하지bon 않을 수 있는 능력'을 갖추어야 하듯이, **가장이 자신의 본질인 이 여우는 가장하지 않는 능력을 가지고 있어야만 한다.** 그리고 바로 여기에 마키아벨리의 모든 힘이, 그가 끊임없이 활용하는 그의 만능열쇠가 존재한다. 간지와 가장에 의해 지배되는gouverné 세상에서 모든 사람들이 가장을 한다는 점,[37)] '의견', 그러니까 가장이 세계를 지배한다는 점, 가장이 인간들의 통치gouvernement와 억압의 방법으로 일반화되어 있다는 점이 (행동procédé의 조악함 혹은 이 행동의 결과로 인해) 명확해진 이 세상에서, **마**

키아벨리의 가장의 핵심은 조금도 가장을 하지 않는다는 것이다.

    그리고 바로 여기에 하나의 가장이 존재하는데, 왜냐하면 이러한 의심 속에서 살아가는 모든 사람들은 마키아벨리가 진실을 말하는 것처럼 (하지만 실제로는 완전히 다른 것을 말하기 위해) '가장'했을 뿐이라고 말할 것이기 때문이다. 그리고 또한 마키아벨리는 군주에게 '전제정'에 대해 말하기 위해 이 군주에게 말을 거는 것처럼 '가장'했지만, 실제로는 인간들에게 그들의 '자유'에 대해 말해주기 위해 이들에게 말을 걸었던 것이라고 말할 것이다. 그래서 18세기와 리소르지멘토^{Risorgimento[38]}의 저자들 대부분에게 마키아벨리는 군주들에게 통치의 원리들을 제공하는 것처럼 '가장'했지만 실제로는 인민에게 군주들의 [통치] 방법^{procédés}이 어떻게 작동하는지를 깨우쳐주었던 인물이었던 것이다. 마키아벨리는 (《군주론》에서) 군주정주의자^{monarchiste}인 것처럼 '가장'했지만 이는 (《로마사 논고》에서) 공화국을 향한 변론을 위한 것이었다.

    그런데 마키아벨리에게는 그 어떠한 가장도 존재하지 않으며 바로 이것이 그의 가장이다. 마키아벨리에게는 가장이 정말 거의 존재하지 않기 때문에, 그는 (《군주론》에서) **모든 사례**를 전부 검토했으며, 이 사례들 중 그 어떠한 것도 망각하지 않기 위해, 그는 자신보다 나중에 데카르트가 그렇게 했듯^[39] '전체를 열거함으로써……' 아무것도 빠뜨리지 않았다는 점을 확신하는 방식으로 검토하지 않고, 내가 '극한의 사유la pensée aux extrêmes'라 부르기를 제안했던[40] 또 다른 방법으로 이 모든 사례를 검토했다. 그러므로 마키아벨리는 **가능한 한계-사례들**les cas limites possibles을 검토함으로써, 그리고 이 **가능한 한계-사례들**을 실제적인 것들로 전제함으로써 추론해나간다. 그리고 이러한 방식으로 마키아벨리는 이 사례들을 연구한다.

이 한계-사례는 다음과 같다. "인간들을 통치하기 위해, 우리는 이 인간들 모두를 나쁜/고약한méchants 이들로 전제해야만 한다." 이는 마키아벨리가 어떠한 구체적 예시도 제시하지 않는 주장인데(그는 절대로 구체적 예시를 제시하지 않는다),[41] 하지만 이러한 한계-가설hypothèse limite 안에서 사고함으로써 우리는 최악의 사례를 사고할 수 있다는 점을 확신할 수 있으며, 또한 만일 우리가 이 한계-문제problème limite를 해결한다면, 이를 통해 다른 모든 문제들은 이 한계-문제의 하위 문제들로서 손쉽게 그 해결책을 찾을 수 있을 것이다. **군주**-개인이라는 사례가 그러하다. 마키아벨리는 완전히 알려지지 않은 익명의 개인, 힘도 없고 권력도 없으며 그러므로 어떠한 국가에도 속해 있지 않은 그러한 개인, 누구에게서 태어났는지 알 수도 없고 도대체 언제 어디에서 돌발surgi한 것인지도 알 수 없는 그러한 개인이라는 한계-사례 속에서 사고한다. 우리가 이 개인에게 요구하는 것은 비르투를, 다시 말해 일종의 강력한 정치적 본능instinct을 가져야 한다는 것인데, 이 강력한 정치적 본능은 이 개인을 기회^occasion—이 기회는 이 개인이 비르투를 '취하기' 위한 기회로서 앞으로 그에게 제시될 것이다—속으로 던져 넣을 것이다. 그리고 만일 이러한 기회가 '운 좋은 것^fortunée'[42]이라면, 달리 말해 우호적인 것이라면, 이 개인에게 이 기회를 부여잡기 위해 해야만 하는 모든 것에 대한 영감을 불어넣어줄 본능("여자를 [성적으로] 취하는 것과 같이 운을 취하기"[43]), 그리고 만일 비르투와 운[즉 포르투나^fortuna]이 끈질기게 존재하게 된다면^persévèrent, 만일 이 개인이 운을 가지지 못하게 되었을 때 최소한 비르투라도 이 인간 속에서 지속적으로 존재하게 된다면^dure, 그렇다면 이 개인이 어느 한 국가에 그 지속^durée을 보증해주는 법칙들을 부여함으로써 '지속적으로 존재할 수 있게 될'[44] 어느 한 국가의 토대를 마련하게 될 때까지 어떠한 가능한 미래가 이 개인에게 열리게 된다.

나는 마키아벨리의 여우를 더 먼 곳에서 찾을 필요는 없다고 생각한다. **마키아벨리는 이데올로기적 물질[성] 안에서 절대적으로 새로운 하나의 가장을**, 다시 말해 전례 없는 이데올로기적 효과들을 생산해내는 담론의 한 형태를, 즉 **그 어떠한 가장도 하지 않는 것을 자신의 핵심으로 취하는** 담론의 한 형태를 **발견해냈다**. 물론 마키아벨리가 신중함을 위해 자신의 사유를 위장하는 경우도 존재한다. 하지만 위장은 가장이 아니다. 마키아벨리는 절대로 가장하지 않는다. 알려진 현실에 대한 **이데올로기적 제시**^présentation idéologique[표현]는 마키아벨리에게서 **알려진 현실에 대한 단순한 제시[표현]**라는 역설적 형태하에서 제시[표현]된다. 마키아벨리는 선험적 사실을 말하는, 즉 법률적 사실을 정의하는 법/권리적 의미에서의 사실이 아니라,[45] 국가 이데올로기에 유기적으로 연결되어 있는 국가권력에 의해 조건지어진 계급투쟁이라는 정치적 의미에서의 '사실을 말하'는 것에 만족한다.[46]

모든 것이 국가권력과 국가 이데올로기에 의해(**군주**의 표시물marque이라는 이미지+종교+군대 안에서의 덩어리amalgame 효과) 규제되는 이 세계에서,[47] 모든 사람들이 악의malice 혹은 악덕vice으로 인해서가 전혀 아니라 **이것이** 국가의 권력과 국가 이데올로기의 권력이 각자에게 강제하는 **법칙이기** 때문에 '가장'을 하는 이 세계에서, 마키아벨리는 예기치 않은 뜻밖의 장소를 점유하는 길을 의식적으로 선택한다.[48] 마키아벨리는 가장하지 않는 길을 '선택'한다. **마키아벨리는 모든 사람들을 지배하는**(그리고 **군주**까지도 지배하는, 게다가 이 **군주**를 제일 먼저 지배하는) **법칙을 거부하는 길을 선택한다**. 이는, 마키아벨리가 적수의 지형 위에서뿐만 아니라 기존[현존하는] 사회의 지형 위에서도 [스스로를] 위치시키기를 거부한다는 점을, 혹은 기존 사회가 오히려 바로 자신의 적수이기 때문에 스스로를 이 기존 사회의 지형 위에 위치시키기를 거부하는 것이다. 마키아벨리는 (자신도 의식하지 못한 채로 [미래에] 마르크스에게 매우 큰 목소리로 말을 하게 될 [테미스토클레스-편집자]의 어휘에 따르면[49]) '지형을 변경'하며, 또한 의도적으로 다른 곳, 즉 또 다른 지형 위에 스스로를 위치시킨다.

산의 장엄함을 관조하기 위해서는 평원 위에 서 있어야만 하듯, "[대문자] **군주를 인식하기 위해서는 인민이 되어야 한다**". [50] [위에서 언급했던] 또 다른 지형이란 바로 이 평원이다. 그리고 우리는 인민과 함께, 혹은 오히려 인민-되기를 수행하면서en devenant-peuple 이 평원 위에 서 있어야 한다. 이 '또 다른 지형'은 우리가 '**군주를 인식**'할 수 있는 유일한 지형이다. [51] 그러므로 인민의 지형[인민이라는 지형]은 또한 인식의 지형이기도 하다. 그리고 마키아벨리는 바로 이 **진정한 인식에서 이데올로기적 효과**를 예상하며, 이 **이데올로기적 효과**는 인민대중이 그 자신의 권력에서 [대문자] 새로운 군주의 전략을 예비하는 데 필수적으로 갖추어야 할 유일한 것이다.

말해진 진실[진리]은 당황스러움perplexité과 **모순** 속에서 정신을 혼란스럽게 만들고 동요시킬 것이다. 그런데 모순은 이미 계급투쟁 안에 존재하고 있다. 마키아벨리가 모순을 발명해낸 것이 아니다. 마키아벨리는 부르주아 계급투쟁에 유리하도록 모순의 방향을 변경함으로써 그 방향을 설정하기 위해 이 모순에 의지한다. 만일 마키아벨리가 참[진실 혹은 진리]을 말한다면, 이는 이 참이 이미 존재하고 있기 때문이다. 일단 말해지고 나면, 그 이후에 이 참은 개입을 통해 자신이 강화시키는 그 모순 안에서 자신의 길을 스스로 만들어나갈 것이다. 그리고 만일 비르투를 갖춘 인간이 전략을 이해함으로써 혹은 심지어는 본능적으로 이러한 전략 속으로 진입할 줄 아는 이라면, 그리고 거대한 운의 은혜를 입은 이라면, 뭐 그렇다면 어떻게 될지 누가 알겠는가, 아마도 [대문자] 새로운 국가와 같은 무언가가 탄생하기 시작할지도……

한 번 더, 진정한 정치가로서 마키아벨리는[52] 지롤라모 사보나롤라Girolamo Savonarola[53]와 같이 '보잘것없는 예언가'[54]처럼 행동하기를 거부하며, 또한 흥분한 대중에게 유토피아에 대해 설교하기를 거부한다. 마키아벨리는 예언가가 되고자 하지 않으며, 그는 신을 닮은 모든 것, 즉 신의 교회, 신의 사제들 그리고 신을 광적으로 믿는 그 신도들을 증오한다. 왜냐하면 정치에 대한 종교적 혹은 관념론적 개념화는 항상 폭군 살해 혹은(그리고) 집단 학살로 끝나기 때문이다. 그리고 마키아벨리는 자신이 가지고 있고 활용할 수 있는 군대에 대한 허상을 스스로에게 전혀 허락하지 않는다. 마키아벨리는, 자기 자신에게 단 하나의 무기, 유일한 무기, 즉 가장하기를 무조건적으로 거부할 줄 알고 단순하게 참을 말할 줄 안다는 단 하나의 유일한 무기만을 남겨놓는다는 점을 제외하고, 거의 모든 무기를 버린다. 그리고 마키아벨리는 계몽주의 시대의 이데올로그들이 그렇게 생각했듯 참이 일단 말해지고 나면, 이 참 홀로 세계를 장악할 것이라고, 그리고 진실의 빛 앞에서 오류의 그늘을 물리칠 것이라고 믿지 않는다. 마키아벨리는 참을 말하는 것이 그가 할 수 있는 모든 것이라는 점을 알고 있으며, 또한 이 참을 말한다는 것이 그리 멀리까지 가지는 못할 것이라는 점을 매우 잘 알고 있다. 왜냐하면 참이 대중 속으로 뚫고 들어가기 위해서는 많은 다른 조건들이 필요하기 때문이다. [그리고 이 다른 조건들 중에는 특히] 정치적 조건들이 존재하는데, 고립된 한 명의 지식인으로서 마키아벨리는 자신의 생에서 언젠가 단 한 번이라도 이 정치적 조건들을 실현할 수 있을 거라고 생각하지 못하고 그럴 힘 또한 전혀 가지고 있지 않다. 마키아벨리는 유물론자이다. 절대로 가장하지 않으면서 참을 말하는 길을 선택하면서도, 마키아벨리는 관념의 전능함이라는 망상에는 전혀 빠지지 않는다.

하지만 만일, 우리가 조금 전에 확인했듯, 마키아벨리가 여러 지점들에서 그람시를 한참 앞서 나가고 있다고 할지라도, 또 다른 지점에서 그람시와 마키아벨리는 정확히 동일한 위치/입장을 취하고 있다. 비록 마키아벨리가 정치에 대해 매우 잘^{fort bien} 말하긴 하지만, 마키아벨리는 정치에 대해서만 말한다. 만일 마키아벨리가 노동하는 이들과 아무것도 하지 않는 이들(즉 귀족)을 언급한다면, 만일 그가, 노동하는 이들(마키아벨리에게 이들은 가공업자, 도매상인, 교역업자, 생산적 토지 소유자, 농장주와 같은 능동적 부르주아지와 소생산적 부르주아지를 의미한다)의 조건보다 더 아래에 있는,[55] 치옴피^{Ciompi}, 즉 이탈리아에서 자본주의적 생산이 이루어지고 있는 몇몇 섬[56]들 중 하나인 곳 안에서 이미 임노동자들인 이 모직물 노동자들의 조건에 대해 언급한다면,[57] 마키아벨리는 우리가 통속적으로 …… 라고 부르는 바에 대해서는 전혀 언급하지 않으며 …… 비난[혹은 비난한다].[58] 그리고 이러한 누락은 …… [시대적 한계로 인한 마키아벨리의 '잘못 아닌 잘못'에 대해 그를 심판하기 위해] 회고적으로 그에 대한 재판을 여는 멍청한 짓을 하지 않기 위해서는, 비난) 그의[59] 계급투쟁에 대한 개념화에, 그에게서 두 가지 '기질^{humeurs}'을, 즉 '더욱더 많은 것을 욕망하는 이^{gros}'[뚱뚱한 자]의 기질과 '더욱더 많은 것을 욕망하지 않는 이^{maigres}'[마른 자]의 기질을 대립시키는 갈등에 미치는 영향이 없지는 않다.[60][61] **마키아벨리에게서 착취라는 관념은 배제된다.** 마키아벨리는 계급투쟁을 착취를 통해서가 아니라 **소유**^{propriété}를 통해서, 그러니까 이미 많은 것을 가지고 있음에도 항상 더 많이 가지려 하는 이들의 **욕망**과 아직 많은 것을 가지지 못했지만 앞으로 더 많이 가지려 하는 이들의 **욕망**을 통해서 설명한다. 마키아벨리가 소유의 법률적 통념^{notion}에 만족하고 그 이상으로 나아가지 않기 때문에, 소유 혹은 비-소유를 설명하는 것은 바로 소유에 대한 **관계** 혹은 비-소유에 대한 **관계**이다. 그리고 이 관계는 '욕망'의 관계이다.[62]

따라서 마키아벨리에게서 계급투쟁의 근원에 자리하고 있

는 것은 바로 욕망이다. **소유자들과 권력자들의 욕망이 바로 욕망의 분할, 그러니까 계급투쟁의 '원인'**이라는 충격적인 관점에 따르면,[63] 더욱 많은 것을 소유하려는 욕망, 더욱 많은 것을 지배하려는 욕망이 한편에 있으며, 무언가를 소유하려는 욕망과 지배받지 않으려는 욕망이 다른 한편에 있는 것이다.[64] 계급투쟁에서 **전체적으로(그러니까 피지배자들의 계급투쟁을 포함하여) 계급투쟁의 동력은 지배계급의 계급투쟁**이라는 진실을 되찾기 위해서 우리는 마르크스의 등장을 기다려야만 한다. 하지만 마키아벨리에게서는 소유 아래에서, 그러니까 '욕망' 아래에서 일어나고 있는 바에 대해 말해진 것이 전혀 없다는 것이 사실이다. 마키아벨리에게서 그람시가 좋아했던 경험주의적 방식, 즉 '그건 원래 그렇게 생겨먹었어c'est comme ça'라는 방식으로 모든 것이 설명되고 있다는 것은 사실이다. 또한 마키아벨리에게서는 하나의 '사회'에서 일어나고 있는 모든 것이 (그람시에게서와 마찬가지로) 순수하고 단순하게 정치로 환원된다는 것도 사실이다.

내 생각에 이러한 분석은 그람시가 본능적으로spontanément 마키아벨리에게서 자신의 모습을 인지하는 그 심원한 이유들을 이해하기 위해 필수적인 것 같다. ……[65] 그가 한 명의 정치가[였던 이유는] 도덕과 종교에 대한 '정치의 자율성'[66]을 인지했기 때문만이 아니라, 거의 마르크스주의적이지 않은 (그람시가 좋아했던) 이러한 부르주아적 '분과학문'으로서 하나의 '정치과학'의 가능성을 인지했기 때문만이 아니라, 또한 **그람시와 마찬가지로 마키아벨리가** 모든 것을 정치로 **환원하기 때문**이기도 하다. 이는 마키아벨리에게 모든 것이 정치이기 때문인데, 사실 이는 정확히 말하면 다음을 의미한다. 정치의 바깥에는 진지한 관심을 받을 자격이 있는 것이 전혀 존재하지 않는다. **그것도 특히** 우리가 정치를 행하고자 할 때에는 말이다.

(이론적인 방식이 아니라) 실천적인 방식으로 자신의 저술들에서 제시된 이 테제를 지지하면서, 마키아벨리는 그람시에게 자신의 아버지를, 그것도 자신의 **유일한** 아버지를[67] 찾을 수 있는 기회를, 그리고 시대착오적으로 마르크스를 '위험을 무릅'쓰고 '무시해'버릴 수 있는 기회를 제공한다.[68] 왜냐하면 마키아벨리의 작업 전체[혹은 저작 전체]가 거대한 백색지대(하부구조, 생산관계, 재생산관계 등등이라는 백색지대)라는 기반[무지] 위에 세워져 있다는 점에 대해 마키아벨리에게 불평할 수는 없는 노릇이기 때문이다. 하지만 마키아벨리 이후 300년 뒤, 그리고 어떤 마르크스[un certain Marx][69] 70년 뒤에 사고했던 그람시의 작업 전체[혹은 저작 전체] **또한 동일한 이 거대한 백색지대를 자신의 기반으로 지니고 있다는** 점은 마키아벨리와는 달리 매우 특이한 것이며, 특히 그람시 또한 ('정치 이론'으로서의 마르크스가 아니라 다른 이론들로서의 마르크스를 원용하는 것이긴 하지만) 마르크스를 원용했다는 사실을 알고 있는 우리의 관점에서 매우 특이한 것이다. 마르크스와 레닌 이후에 사고

하며 이들을 원용하는 그람시의 이 거대한 백색지대가 그람시보다 300년 전에 사고했던 마키아벨리의 작업[저작]의 백색지대와 동일한 의미를 전혀 지닐 수 없다는 것은 너무나 명백하다.[70] **마키아벨리가 보지 못했고 이해하지 못했던 바를, 그람시는 사실 매우 단순하게 지워버리고 삭제해버렸다.** 그리고 모든 일은, 특히 이러한 일은, 절대 우연에 의해 발생하는 것이 아니기 때문에, 우리는 다음과 같이 말할 수 있다. 그람시는 **의도적으로** 이를 지워버리고 삭제해버렸다고. 도대체 무슨 목적에서? 이는 또 다른 논의가 필요한 지점이다.

일단 그람시가 이 거대한 백색지대에 선을 그어 이를 말소해버리고 나면, 그리고 그람시가 말하는 모든 것, 즉 '그의' 시민사회, '그의' 헤게모니적 장치들, (우리가 '2행정 기관'[혹은 '2사이클 엔진']이라고 말하는 것과 같은) '그의' 두 계기로 이루어진 국가, '그의' 계급독재, 정치, 계급투쟁의 전략 전체의 최종심급에서 이 백색지대가 결정적이라는 사실을 선을 그어 말소해버리고 나면, 그람시는 그가 원하는 것을 말할 수 있으며, 비교할 수 있는 역사적 예시들을 원하는 만큼 서술할 수 있으며("완벽한 목록을 만들어야 할 것이다……"), 역사에서 '도덕'[교훈]을 끌어내거나 역사에 도덕[교훈]을 부여할 수 있으며, 그 ……[71] 예비하기 위해 국가에 관한 그의 작은[사소한] 방정식들을 결합할 수 있다. …… 이는 **공백**vide **속의** 수많은 결합들combinaisons과 사변들이다. 모든 사회는 하나의 기초를 가지고 있다. 그렇지 않다면 이 사회는 공백 속에 있는 것이다. 모든 증명은 사고를 통해 이 증명이 말하는 바의 '기초'를 지배해야maîtriser 한다. 그렇지 않다면 이 증명은 공백 속에 있는 것이다.

비록 그람시의 비범한 지성, 그의 세밀한 지점들과 뉘앙스에 대한 감각, 그리고 물론 그의 反도그마주의와 反스탈린주의가 마르크스주의자들을 매혹시키고 그람시에 대한 믿음을 부여한다고 하더라도, 어떤 마르크스주의자가 **그람시와 같이 자신의 모든 추론들 속에서 마르크스주의자의 관점에서 '최종심급에서 결정적'** [인-편집자] **것**(즉 지식, 착취, 착취의 조건들, 재생산, 그리고 이것들의 계산 불가능한 중요성) **위에 선을 그어 말소하는 누군가를 자신의 '결론'을 형성하는 데 있어 따르는 것이 절대로 가능하지 않다**는 점을 이해하지 못하겠는가? 특히 이 동일한 '마르크스주의' 이론가가 (결국에는 '개인적인' 하나의 단순한 정식화의 차이 속에서 **고작 마르크스주의의 두 가지 혹은 세 가지 진실**을 발견하기 위해서만) 완전히 독창적인, 하지만 지속적으로 모호함 혹은 모순을 지니고 있는 개념적 구성물을 구축한다고 생각할 때 말이다. 그리고 특히 이 동일한 '마르크스주의' 이론가가 '최종심급에서 결정적인 것'을 포기했다고, 그리고 노동자 운동에 하나의 '대안적' 전략을 제시하기 위해 자신의 개인적인 작은 [이론] 체계를 만들어냈다고 생각할 때 말이다. **단 한순간에라도 우리는 '최종심급에서 결정적'인 것을 그토록 쾌활하게 추상해버리는 전략을 노동자 운동을 위해 진지하게 취급할 수 있겠는가?** 이는 아마추어주의에 불과하다. 게다가 이는 아마도 모험주의에 불과할 것이다.

　　나는 공포가 엄습하는 감옥에서 그람시가 자기 자신에게 부여했던 쾌락과 동일한 종류의 쾌락을, 그것도 매우 거대한 쾌락을 그람시에게서 느끼고 있다고 생각한다. 사태를 직접적으로 '보는' [경험주의의] 쾌락, 쾌락을 위해 사태의 역사적 예시들을 배가시킬 수 있다는 쾌락, 심지어는 그람시 자신에게 닥쳤던 불행이 그에게서 **빼앗아갔던** 쾌락을. …… 그 존재로 인해 …… 모든 …… **즉시** 할 수 있는 쾌락 …… ,[72) 대상을, 다시 말해 역사를, 다시 말해 정치적인 것을 **하나의 고급 디저트**gourmandise와 같이 소비[하는 쾌락]…… 고급 디저트는 명백히 여기 식탁 위에 놓여 있다. 우리는 이 고급 디저트가 입에서 살살 녹는다는 사실을 알고 있다. 이를 집어서 맛보는 것으로 충분하다. 디드로는 버클리 주교에 대해 다음과 같이 말했다. "우리가 저녁을 다 차려서 가져다주는 [그래서 다 된 저녁 밥상에 숟가락을 얹기만 하는] 주교님." 이는 버클리가 자신의 손으로 요리를 하기 위해 주방에 간 적이 결코 없기 때문이다. 그람시 또한 마찬가지다. 사태는 이미 다 준비되어 있다. 당신은 이 사태를 취하고 이해하기 위해 사태를 보기만 하면 된다. 음식이 조리되는 곳, 즉 착취가 행해지는 주방 쪽으로 갈 필요가 전혀 없다. 다음과 같이 말할 수도 있었을 누군가가 말해주듯이.[73) "우리는 모든 것을 가지고서 하나의 고급 디저트를, 심지어는 아마추어를 위한 하나의 전략도 만들어낼 수 있다. 하지만 노동자 운동을 위한 전략은 만들어낼 수 없다."

그리고 만일 당신이 이에 대해 의심한다면, 나는 당신에게 "'실천의 기준'에 대해 질문해보세요, 그다음 저에게 이에 대한 새로운 점들을 말해주세요"라고 말하겠다. 왜냐하면 노동자 운동을 위한 전략에 자신들의 모든 마음과 지성을 쏟아부어봤자, 대중의 관점에서 이들이 얻어낼 수 있는 것이라고는 결국 모든 이론들 중에서 더 나은 하나의 이론을 고를 수 있게 해주[는−편집자] '실천이라는 기준'뿐이기 때문이다. 그리고 '실천이라는 기준'에 대한 질문은 이러한 '유로공산주의' 정당들—[다음 장에서 살펴볼] 피에르 로랑이 내려준 축복은, 분명 이 유로공산주의 정당들을 '시민사회' 정복의 성과를 통해 그들의 작은 '어려움들'을 해결할 수 있다는 희망에 놀라 펄쩍 뛰도록 만들어줄 것이다—의 세계에서 이제 막 제기되기 시작했을 뿐이다.

3장 그람시인가 마키아벨리인가?

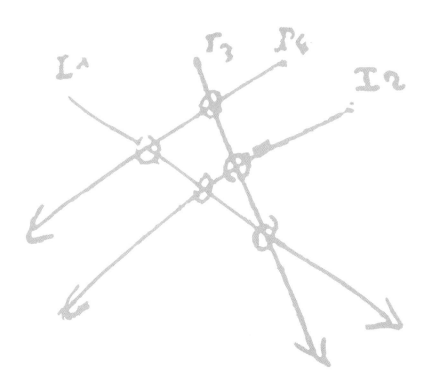

4장

그람시, 유로공산주의, 계급독재

그리고 내가 위에서 이 '유로공산주의'라는 단어를 이미 언급했으므로, 다음을 질문하지 않을 수 없을 것 같다. 그람시의 사상과 우리가 '유로공산주의'라 부르는 것 사이의 관계는 무엇인가? 방금 우리는 그람시의 사상이 무엇인지에 대해 간략한 방식으로 살펴보았다. 그렇다면 '유로공산주의'는 무엇인가?

만일 우리가 그 지리학적 함의[즉 '유럽'이라는 점]를 생략한다면, '유로공산주의'는 민주주의적 사회주의로의 민주주의적 이행의 전략, 혹은 더욱 정확히 말하자면, 민주주의적 사회주의로의 길을 민주주의적으로 열어줄 어떠한 선진 민주주의에 관한 민주주의적 예비 전략이라고 매우 쉽게[즉 엄밀하지 않은 방식으로] 정의할 수 있다. 이러한 전략의 고유한 핵심은 목적(민주주의적 사회주의)과 '민주주의적' 수단 간의 동일시를 주장하는 것, 간단히 말해 전략, 전술, 수단 모두를 민주주의라는 개념하에서 사고하는 것이다.[1]

지나치는 김에 나는, 목적과 수단 사이의 대립^{opposition}, 즉 목적과 수단 사이의 모순^{contradiction}이 참을 수 없는[참을 수 없이 역겨운] 냉소주의와 '마키아벨리주의'의 표현으로 보편적으로 간주되고 있다는 점을 지적하고자 한다. (그런데 마키아벨리는 이러한 대립을 그 자체로 제시한 적이 **전혀 없으며**, 그는 **이 대립에서부터** 사고한 적이 전혀 없으며, 그는 항상 이 대립을 이 대립의 존재와 그 해결 모두를 정당화하는 규정된^{déterminées} 조건들 안에서 사고하고 해결한다.)

마찬가지로 나는, 우리에겐 고맙게도 마키아벨리가 행해주었던 바를 우리가 행하지 않는 한에서, 그러니까 이러한 통일[목적과 수단 사이의 통일]의 가능성과 관계의 변화들, 정의되지 않은 유일한 하나의 단어인 민주주의가 포괄하는 차이들, 이것들 모두를 등장하게 만드는 역사적 조건들을 진정으로 사고하지 않는 한에서, 목적과 수단 사이의 동일시 [안에서-편집자] 우리가 (민주주의가 목적이자 동시에 수단인 유로공산주의의 전략 안에서와 마찬가지로) 목적과 수단 사이의 모순 안에서와 동일한 논리에 관계하고 있다는 점을 지적하고자 한다.

나의 이 모든 언급은, 이해관계 내 국가들의 계급투쟁에 대한 '구체적 상황에 대한 구체적 분석'뿐만 아니라 자본주의적 제국주의와 '사회주의' 국가들을 포함한 세계 전체에 대한 '구체적 상황에 대한 구체적 분석'에 의해서도 이러한 전략이 단순한 정신적 관점과는 다른 것이라는 점을, 그 물질적, 사회적, 정치적 그리고 이데올로기적 조건들이 세계 전체에서 이미 실현되었다는 점에서 정신적 관점이 아니라 실제로 가능한 관점이라는 점을 **입증해내지 못한다면**, 유로공산주의 전략이 공언한 목적과 수단 사이의 동일시—이 동일시는 도덕적인 정신을 소유한 이들 혹은 이와는 다른 종류의 관념론자들에게 거대한 만족감을 준다—가 하나의 공허한 선언, 다시 말해 모험적인[위험한] 공허한 선언에 불과한 것이 될 위험이 있음을 지적하기 위한 것이다.

그런데 현재의 상황이 취하고 있는 역설은 유로공산주의 전략의 조건들이 한 곳으로 모이게 되었다는 점을 증명하기 위한 그 어떠한 '구체적 상황에 대한 구체적 분석'도 제시되지 않았다는 점이다. 그러나 나는 이를 지적함으로써 이 조건들이 존재하지 않는다는 점을, 그러니까 유로공산주의는 순수하고 단순하게 민주주의적 모험주의라는 점을 말하고 싶은 것이 아니다.[2] 나는 우리가 유로공산주의에 대해 아는 것이 전혀 없으며, 이 유로공산주의 전략의 역사적 조건들이 실현된다는 점을 입증하지 않는다면 이 유로공산주의가 민주주의적 모험주의가 될 수 있으며, 만일 구체적 분석이 이 유로공산주의의 실현의 전제 조건들이 상상적/허구적[이었다-편집자]는 점을 증명해낸다면 이 유로공산주의가 민주주의적 모험주의가 될 것이라는 점을 말하고 싶을 뿐이다.

　만일 유로공산주의가 구체적 분석에 대한 실정적 결론에 기반을 두고 있지 않다면, 도대체 유로공산주의는 무엇에 기반을 두고 있는 것인가? 내가 이해하기로, 유로공산주의는 두 가지 역사적 현상들 위에 기반을 두고 있다. 첫 번째로 국제공산주의 운동의 위기, 두 번째로 인민대중의 운동. 이 두 가지 역사적 현상들은 자신들의 효과, 즉 민주주의에 대한 요구 속에서 서로 결합된다.

　(민주주의적이지 않은) 수단과 (민주주의적이지 않은 '사회주의'라는) 목적으로 인해 동구권 국가들에 매우 선명하게 정치적으로 거리

를 두는 것으로(동구권 국가들은 이러한 수단과 목적에 대한 하나의 스펙터클을 제공해주고 있다), 동구권 국가들을 지배하고 있는 민주주의적이지 않은 형태들(이 형태들은 독재적이었고 유혈 낭자한 것이었으며, 지금까지도 여전히 억압적이다)에 대해 부인으로 일관하고 있는 것으로, 유로공산주의가 인민대중에게 깊은 원망의 대상이 되고 있다는 점은 명백하다.[3] 이러한 부인이 서구 공산당들 안에서 형성되기까지는 매우 오랜 시간이 걸렸다. 우선 이러한 부인은 이탈리아에서 매우 신중한 방식으로 그람시의 반도그마주의적 사상에 대한 호소로 포장되어 있었다. 하지만 이러한 부인은 심지어 이탈리아에서조차 그리고 다른 곳[즉 프랑스 공산당]에서는 더욱더 극도로 소심한 방식으로, [프랑스 공산당] 20차 당대회 이후에서야 형성되기 시작했다. 그리고 이러한 부인은 여전히 신중한 형태하에서, 체코슬로바키아에 대한 침공 이후에서야 제대로 선언되었다(헝가리에 대한 군사적 개입에 대해 공산당들은 무표정한 채로 남아 있었다. 프랑스에서 이는 여러 활동가들에 대한 추방과 탈당으로 이어졌는데, 이 활동가들 중에는 높은 위치에 있는 책임자들도 존재했다). 그리고 국제 공산주의 운동의 위기의 격화와 함께 지난 3년간, 이러한 부인은 소련과 다른 동구권 국가들에서의 반反민주주의적 실천들에 대한 비난, 그리고 민주주의라는 단 하나의 유일한 단어를 통해 노선과 보편적 구호를 동시에 의미하는 유로공산주의에 대한 선언이라는 실정적 형태를 취했다.

만일 이러한 모든 변화*évolution*가 일어났다면, 이는 분명 서
구 국가들 안에서 인민대중의 운동이 행사했던 압력으로 일어났
던 변화였을 것이다. 이러한 관계 속에서, 프라하에서의 사건들과
동시에 일어났던 68혁명은 프랑스 공산당이 자신의 태도를 결정
하는 데 결정적 역할을 수행했으며, 프랑스 공산당의 22차 당대
회는 프랑스인들을 향한 선언문 〈공산주의자들이 프랑스를 위해
원하는 바〉를 통해 대중으로부터 도래하는 민주주의에 대한 요구
를 진지하게 고려했다. 프랑스 공산당의 22차 당대회는 공동강령
이 조인한 좌파연합에 의한 통치권력의 쟁취라는 자신의 고유한
전략에 이러한 요구를 기입했으며, 이제는 소위 '프랑스적 색채'
의 민주주의적 사회주의로의 민주주의적 이행으로 알려진 주제
들을 발전시켰다(혼동하지 마시길, 프랑스 공산당에 따르면 이 '프랑스적
색채'의 사회주의는 '모스크바적 색채'의 사회주의는 아닐 것이라고 한다).[4]

그러므로 프랑스 공산당은 그람시의 전략적 사유에 대한 기
나긴 성찰을 통해 오랜 시간에 걸쳐 이탈리아 공산당이 정교하게
형성해온 전략에 동의해 그들과 마찬가지로 이를 자신의 것으로
취했던 것이다. 신중한 방식으로라고는 해도, 어쨌든 유로공산주
의에 관한 전략적 동의는 조르주 마르셰와 엔리코 베를링구에르
Enrico Berlinguer 사이의 상호 방문을 통해 조인되었다.[5] 그리고 이러
한 전략적 동의는, 지하에서 세상 밖으로 나오자마자 스페인 공
산당으로까지 확장되었고, 심지어 우리는 가장 허약하고 가장 젊

은 이 스페인 공산당이 단호히 이 전략적 동의의 선두에 서서 어떠한 거리낌도 없이 공개적으로 '유로공산주의'를 선언하는 것(이러한 선언은 이탈리아 공산당도 프랑스 공산당도 하지 않았던 것이다)을, 그리고 결국에는 이 유로공산주의라는 용어를 다른 공산당들—유럽(영국 등등)과 세계 전체(일본, 멕시코 등등)의 다른 공산당들은 이와 유사한 혹은 이와 동일한 전략에 참여한 바 있지만 항상 이 전략에 이름을 부여하지는 않았다—에게까지 부여하는 것을 보게 되었다.[6]

하지만 유로공산주의의 전략은 국제공산주의 운동의 위기에만, 인민대중의 '민주주의적' 요구에만 기반을 두고 있지 않았다. 이 유로공산주의의 전략은 또한 기존의 **이론들**에도 기반을 두고 있었다. 자, 바로 이것이 고유하게 역설적인 지점이다. 왜냐하면 유로공산주의의 전략이 가능하다는 점을 증명하는 구체적 상황에 대한 구체적 분석이 존재하지 않을 뿐만 아니라, 유로공산주의 자신만의 **이론** 또한 존재하지 않기 때문이다(이는 명명백백한 것인데, 왜냐하면 구체적 분석 없이 이론이란 불가능하기 때문이다). 하지만 유로공산주의는 **다른 이론들**(이 이론들에 대한 검토 이후에 [이것들이 진정으로 이론이라 부를 수는 없다는 점에서] 따옴표를 쳐야 하는 것은 아닌지 나중에 다시 확인하는 수고를 겪는 한이 있어도, 지금으로서는 이 이론들에 따옴표를 치지는 않을 것이다)에 기반을 두고 있다. 어떠한 이론들에 기반을 두고 있는 것인가? 바로 다음과 같은 두 가지 이론들이다.[7]

첫 번째 이론은 그람시의 사상이다. 우리가 위에서 이미 설명한 바를 고려한다면, 그람시의 사상이 이러한 전략을 정당화하는 역할을 적절히 수행할 수 있다는 점에 아무도 놀라지 않을 것이다. 사실상 그람시는 유로공산주의로 하여금 국가권력의 쟁취를 전면적 공격의 결과로서, 그러니까 모든 법을 위반하고 민주주의를 무시하는 인민의 폭력의 결과로서가 아니라 (국가의 설립을 가능케 하는 '참호와 포곽tranchées et casemates' 뒤편의 시민사회를 정복하는 것을 목표로 하는) '진지전'의 결과로서 사고할 수 있도록 허락한다. 폭력을 전제하는, 그러므로 (민주주의적) 법에 가해지는 폭력을 전제하는 전면적 공격과는 달리, '시민사회'에 대한 정복은 '한 걸음 한 걸음 앞으로 나아가듯' '벽돌을 하나하나 쌓아가듯'(조르주 마르세의 중앙위원회에서의 기조연설[8]), 위치를 하나하나 점해가듯 행해질 것이다. 이러한 점진적 '전진'의 경우, 이러한 '전진'이 폭력에 의해 행해져야 한다는 그 어떠한 요구도 존재하지 않는다. 그러므로 이러한 '전진'이 기존 법에 따라서, 그러니까 기존 부르주아 민주주의에 따라서 폭력 없이 이루어질 수 있다는 것을 모든 것이 허락하며 [심지어는] 강제한다.

사람들이 말하는 이러한 정복은 결국 어디로 나아가는가? 그러니까 동일한 수단을 통해[즉 한 걸음 한 걸음 앞으로 나아감으로써, 벽돌을 하나하나 쌓아감으로써, 위치를 하나하나 점해나감으로써] 국가가 정복당하도록 만들기 위해, 국가의 평원 위 저

강력한 위치를 보호하기 위해 만들어진 참호를 뚫고 시민사회를 정복하는 것만으로 충분하다고 도대체 누가 증명한 것인가?

바로 이 핵심적 질문에 헤게모니에 관한 그람시의 이론이 응답하는 것이다. 헤게모니에 관한 그람시의 이론은 어느 한 국가의 '헤게모니의 한 계기'로서 '시민사회'(이 국가의 또 다른 한 '계기'는 바로 힘이다)에 관한 이론이 아니라 헤게모니로서 국가에 관한 이론, 혹은 오히려 헤게모니라는 통념을 통해 국가라는 통념까지도 대체하는 이론이다. [그람시가-편집자] 자신이 제기하는 정치적 문제들에 대한 하나의 이론적 해결책을 찾아나가는 절망적 성찰의 한 계기를 구성하는 이러한 계급투쟁[에 관한-편집자] '이론' 안에서, 그람시는 헤게모니라는 통념 속으로, 계급독재와 국가 전체 둘 모두를, 그러니까 이 두 계기를(그 일차적 의미에서의 힘과 헤게모니라는 두 계기를) 결국에는 욱여넣고embrasser 만다. 이러한 '이론' 안에서, 계급들로 분할된 한 사회, 그리고 국가가 계급들로의 분할을 재생산함에서 특수한 도구의 역할을 수행하는 그러한 한 사회 안에서 전개되는 계급투쟁과 관련해, 그람시에게는 결국 계급도 엄밀한 의미에서 계급투쟁도 존재하지 않게 되며, 대신 그람시가 '헤게모니 투쟁lutte d'hégémonies'이라고 부르는 것, 그러니까 지배계급의 헤게모니와 피지배계급의 헤게모니 사이의 투쟁이라고 부르는 것만이 존재하게 된다.[9] 계급투쟁이 '헤게모니 투쟁'으로(그리고 또한 '헤게모니의 위기'로서 비판-혁명적 계기로) 사고되기 때문에, 그리고 국가 그 자체는 지배계급의 헤게모니로 흡수되기 때문에, 모든 것은 [복수의] '헤게모니들' 사이에서 발생하며, **국가라는 질문은 실천적으로 그리고 이론적으로 비워진다**évacuée. 달리 말해, 만일 '시민사회'의 정복이라는 질문이 제대로 제기된다면, 그리고 우리가 이 질문에 그 답변을, 게다가 민주주의적인 답변을 제시할 수 있다면, 국가의 정복이라는 질문은 사실상au fond 제기되지 않게[못하게] 된다. 한편에서 국가의 정복이라는 질문이 국가라는 질문이 헤게모니의 관점에서 사고되는 순간, 그리고 다른 한편에서 헤게모니라는 질문이 시민사회의 관점에서 사고되는 순간, 국가의 정복이라는 질문은 제기되지 않게[못하게] 된다. 이는 국가의 정복이라는 질문이 시민사회의 정복이라는 질문으로 환원되어버리기 때문에 제기되지 않는다[못한다]는 점을 의미한다.

위에서 우리는 그에 적합한 정식들을 발명함으로써 하나의 현실을 또 하나의 현실로 환원하는 유혹에, 하나의 질문을 또 하나의 질문으로 대체하는 것에 그람시가 어느 정도로까지 굴복했는지 보았다. 그람시가 행했던 이러한 환원들과 [이러한-편집자] 대체들 중에 가장 심각한 것은 국가를 시민사회로 환원한 것, 국가를 시민사회로 대체한 것이다. 극단적인 경우 이는 다음을 의미한다. 국가라는 질문이 그람시의 전략 안에서는 제기되지 않는다는 것, 혹은 더 정확히 말해 국가는 헤게모니의 현상에 불과하기 때문에 정말로 존재하지는 않는다는 것을.

    톨리아티는 그람시의 매우 특수한particulier 이 모든 개념적 '작업'을 우리가 이미 알고 있는 그러한 의미/방향으로 활용했다. 톨리아티는 무엇보다도 먼저 '새로운 당'의 기반을 내다 버림으로써 진지전이라는 전략의 수단을 스스로에게 부여했다.[10]

미주

1장

1) V. Lénine, "Le communisme"(《공산주의》), in Œuvres, 프랑스어 번역 Paris/Moscou, Éditions sociales/Éditions du Progrès, 1956s., 31권, p. 168. 모택동은 "De la contradiction"(《모순론》), Œuvres choisies, 1권, Pékin, Éditions en langues étrangères, 1966, p. 361에서 이 정식을 인용한다.

2) L. Althusser, Réponse à John Lewis(《존 루이스에 대한 답변》), Paris, Maspero, "Théorie", 1973, p. 28 이하.

3) sur le tas는 '현장', '즉석'이란 뜻뿐만 아니라 '노동 현장' '작업 현장'이라는 뜻도 포함하고 있다. 그리고 이는 바로 아래 등장하는 sur le terrain과 거의 동의어이다. ─옮긴이

4) 공산당 일간지《뤼마니테L'Humanité》가 일요일마다 발행하는 정기 간행물. ─옮긴이

5) "당신의 삶에 대해 말해주세요" "우리는 당신의 의견을 수집하고 대규모 설문조사에 대한 당신의 참여를 촉구하며 당신의 일상에 대한 진실, 즉 비참, 투쟁, 희망을 폭로하고 싶습니다" "행동, 진실, 희망:《뤼마 디멍슈》를 위한 100가지 질문과 3만 가지 답변─이를 알립시다", L'Humanité Dimanche, 1977년 1월 5-11일, n. 49, 표지와 p. 27. "4주 동안 ……, 수십만 명의 공산주의자들이 …… '오늘의 비참과 희망에 대한 노트'에 그들의 삶을 직접 묘사해보라고 제안하기 위해 자신들의 이웃을 방문할 것이다. 이는 프랑스인들 자신이 실현한 일종의 거대한 설문조사이다. ……" "조르주 마르셰Georges Marchais는 진실을 폭로하고 부정의를 물리치자고 선언한다", L'Humanité, 1977년 1월 7일, p. 4. L. Althusser, Lettre à H. Rytmann du 8 février 197[7─편집자](《엘렌에게 보내는 1977년 2월 8일 자 편지》), Lettres à Hélène, 1947-1980(《엘렌에게 보내는 편지:

1947-1980)》, O. Corpet 편집, Paris, Grasset/Imec, 2011, p. 679-680을 보라.

6) "《뤼마니테》는 비참과 희망에 대한 노트에 수집된 [노동자들의] 증언을 정기적으로 전달한다."〈인민의 삶과 희망에 대한 비교할 수 없이 소중한 증언〉, *L'Humanité*, 1977년 2월 14일, p. 1. '비참과 희망'이라는 이 캠페인은 1977년 내내, 그리고 1978년 조금 넘어서까지 전개되었다.

7) 여백에 알튀세르가 손으로 쓴 주석: "질문을 던지는 것이 중요한 것이 아니라, 사람들[노동자들]이 원래는 알고 있으나 안다는 사실을 **모르고** 있는 것들을 (인터뷰 속에서) 자신들 스스로 **발견하게** 된다는 점을 성찰할 수 있도록 큰 목소리로 이들에게 알려주는 것이 중요하다." 91쪽을 보라.

8) '계급들을 계급들로 분할함으로써 계급들을 구성하기'는 동어반복으로 보일 수 있으나, 이는 알튀세르가 '인간들을 계급들로 분할함으로써 계급들이 구성된다'는 이론적 인간주의를 비판하기 위한 안티테제로 의도적으로 제시하는 것이다. 이에 대해서는 《역사에 관하여》(루이 알튀세르, 이찬선·배세진 옮김, 오월의봄, 2019, 근간)에 실린 〈제국주의에 관하여〉(배세진 옮김)를 참조하라. - 옮긴이

9) 아마도 이는 RAI 2의 "Cronaca" 팀이 알파 로메오의 아레세^Arese 공장(이탈리아 포르텔로 소재)에서 촬영했으며 1977년 12월 28일 처음으로 방영되었던 'Appunti sul lavoro di fabbrica: una vita in fabbrica'라는 제목의 다큐멘터리를 말하는 듯하다.

10) 게오르그 루카치의 '계급의식' 이론에 적합한 '의식화'라는 표현은 알튀세르의 이데올로기론 관점에서는 부조리한 통념이다. 그러나 이 장과 마키아벨리에 관한 3장을 통해 알튀세르가 궁극적으로 말하고자 하는 바는 노동자들의 이러한 '의식화' 이면에 존재하는 '이데올로기의 물질성'이 정치의 재료라는 점이다. 그러므로 prise de conscience를 비판적 의미에서 '의식화'라는 어휘로 번역하도록 하겠다. - 옮긴이

11) "Georges Marchais: avancer sur la voie du XXIIe Congrès"(〈조르주 마르셰: 22차 당대회의 길 위에서 전진하기〉), *L'Humanité*, 1978년 4월 28일, p. 7.

12) '노동자 지역^quartier ouvrier'을 뜻하는 프랑스어. 여기에서는 '노동자 지구'와 동의어로 간주하면 된다. - 옮긴이

미주

13) K. Marx, F. Engels [M. Hess, J. Weydemeyer–편집자], *L'Idéologie allemande*(《독일 이데올로기》), M. Rubel이 L. Évrard, L. Janover와 함께 번역, in K. Marx, *Œuvres*, M. Rubel 편집, 3권 : Philosophie, Paris, Gallimard, "Bibliothèque de la Pléiade", 1982, p. 1120-1123: "Le Manifeste du Parti communiste"(《공산주의자 선언》), M. Rubel, L. Évrard 번역, *Œuvres*, 1권 : Économie, 1, Paris, Gallimard, "Bibliothèque de la Pléiade", 1963, p. 170 이하.

14) 이 단락에 등장하는 모든 '노동력'은 force de travail가 아니라 main d'œuvre이다. –옮긴이

15) 19세기 파리 개조 사업을 이끈 조르주–외젠 오스만Georges-Eugène Haussmann을 가리킨다. –옮긴이

16) 일반 명사로 '교외'를 뜻하지만 프랑스 수도 파리와 관련해서는 파리 주변의 '교외'로서 고유명사 '방리유'를 가리킨다. 아래에서는 특별히 파리의 '방리유'만을 의미하는 것인지 확정할 수 없어 '교외'로 번역했다. –옮긴이

17) K. Marx, F. Engels, *Theorien über den Mehrwert*, Werke(《잉여가치학설사》), 26권, 2편, Berlin Dietz, 1974, p. 246.

18) avoir une écoute를 한국어로는 어색하지만 의미를 살리기 위해 '노동자를 듣는다'로 의역한다. 《검은 소》에도 등장하는 이 표현은 노동자의 말과 행동을 정확히 이해한다는 차원을 넘어서 노동자 그 자체를 제대로 이해한다는 뜻을 지니기 때문이다. –옮긴이

19) "Le Manifeste du Parti communiste"(《공산주의자 선언》), 앞의 책, p. 168. L. Althusser, "Soutenance d'Amiens"(《아미엥에서의 주장》)(1975), in *Positions*(《입장들》), 2판, Paris, Éditions sociales, "Essentiel", 1982, p. 181을 보라.

20) L. Althusser, *Être marxiste en philosophie*(《철학에서 마르크스주의자가 된다는 것》)(1976), G. M. Goshgarian 편집, Paris, Puf, "Perspectives critiques", 2015, p. 89.

21) L. Althusser, "Théorie marxiste et parti communiste"(《마르크스주의 이론과 공산당》)(1966-1967, 미간행 원고), Imec, Fonds Althusser, Alt2.A07-01.10,

p. 87; *Sur la reproduction*(《재생산에 대하여》)(1969), J. Bidet 편집, Paris, Puf, "Actuel Marx Confrontations", 2판, 2011, 각주 9, p. 120, p. 295; *Initiation à la philosophie pour les non-philosophes*(《비철학자를 위한 철학 입문》)(1977), G. M. Goshgarian 편집, Paris, Puf, "Perspectives critiques", 2014, p. 228, p. 384; "Philosophie et marxisme. Entretiens avec Fernanda Navarro"(〈철학과 마르크스주의: 페르난다 나바로와의 대담〉)(1984-1987), in *Sur la philosophie*(《철학에 대하여》), Paris, Gallimard/NRF, "L'Infini", 1994, p. 70.

22) '이데올로기의 신체'란 표현은 결국 '이데올로기의 물질성'이라는 알튀세르의 유명한 테제를 지시하는 것이다. −옮긴이

23) [**신체**]는 알튀세르가 매우 읽기 힘들게 손으로 추가한 단어이다. 알튀세르는 "이데올로기를 그 **신체**의 활동 안에서, 그러므로 또한 신체들 안에서 이해해야 한다"고 쓰고자 했을 수도 있다.

24) 여기에서 '대한 것'은 porter sur를 옮긴 것이다. 즉, 이 문장은 조금 고쳐 쓰면 Les idéologies portent sur des corps라는 문장인데, porter sur를 직역해 '신체에 대한 것'이라고 옮길 수도 있으나, 알튀세르의 이데올로기론에 관한 논의의 맥락을 살려 '신체를 대상으로 하는 것'이라고 옮길 수도 있다. −옮긴이

25) 미셸 푸코가 잘 보여주었듯이 말이다. 하지만 그는 또 다른 이론적 언어 안에서 이를 보여주었는데, 왜냐하면 푸코는 이 지점에서까지도 국가라는 문제, 그러니까 이데올로기적 국가 장치들이라는 문제, 그러니까 이데올로기라는 문제를 제기하는 것을 **피하고자** 하기 때문이다. [이것은 알튀세르가 쓴 주석이다−편집자]

26) 여기에서 알튀세르는 '지배 이데올로기'는 단수로, '피지배 이데올로기들'은 복수로 표현했다. −옮긴이

27) 조금 어색하지만 '노동자가 있는 바로 그곳' 정도로 의역하지 않고 직역했다. 여기에서 알튀세르는 '노동자 그 자체' 혹은 '노동자의 신체'를 하나의 '장소'로 간주하고 있기 때문이다. −옮긴이

28) '명명백백함에 의해 눈이 멀어버릴 수도'로 번역한 단어는 aveuglé인데, 이 단어는 '맹목적'이라는 의미와 평행하게 '너무나 명명백백하여, 너무나 밝

게 빛나 눈이 보이지 않게 된다'는 의미 또한 지닌다. -옮긴이

29) L. Althusser, Lettre du 25 octobre 1967 à Roberto Fernández Retamar
(《로베르토 페르난데스 레타마르에게 보내는 1967년 10월 25일자 편지》), Casa de las
Americas, 1993년 1-3월, n. 190, p. 60 이하.

30) à bon entendeur salut(주의 깊게 내 말을 듣는 이들, 안녕!)라는 익살맞은 표현을
번역한 것이다. -옮긴이

31) 앞으로도 계속 등장할 단어인 '장기 지속적 투쟁' 혹은 '장기 지속적 노선'
에서 '장기 지속'은 longue durée를 옮긴 것이다. '장기 지속'이 사회과학에서
다른 특수한 의미를 지니기도 하고, 또 '장기 지속'이라는 단어 자체도 조금 어
색하기는 하지만, 그럼에도 '장기간 지속된다'는 의미를 살리고자 일관되게
'장기 지속'으로 번역했다. -옮긴이

32) 프랑스 공산당, 프랑스 사회당, 그리고 급진좌파 운동의 선거 연합으로, 이
들은 1972년에 통치를 위한 '공동강령'을 체결한다.

33) 1974년경 프랑스 공산당이 유통시킨 정식. 1976년 프랑스 공산당의 22
차 당대회는 프랑스 인민연합을 "프랑스를 지배하고 질식시키는 견고한 카
스트에 **반대하는**, 그리고 민주주의적 개혁들을 실현함으로써 이 견고한 카스
트에 강력한 공격을 가할 민주주의적 변화에 **찬성하는**, 금융 봉건제의 모든 희
생자들의 …… 광범위한 인민의 결합"으로 정의한다. "Georges Marchais
: Avancer…"(《조르주 마르셰: 22차 당대회의 길 위에서 전진하기》), 앞의 글, p. 9. L.
Althusser, *Les Vaches noires : interview imaginaire* (le malaise du XXIIe Congrès)
(《검은 소: 상상 인터뷰-22차 당대회의 불편함》)(1976), G. M. Goshgarian 편집, Paris,
Puf, "Perspectives critiques", 2016, p. 449를 보라. (한국어판으로는, 루이 알튀세르,
G. M. Goshgarian 편집,《검은 소: 알튀세르의 상상 인터뷰》, 배세진 옮김, 생각의힘, 2018을 참조하
라. -옮긴이)

34) 다음의 두 단락에서, 따옴표 속에 들어 있는 단어들은 마르셰가 1978년 4월
27일 프랑스 공산당 중앙위원회에 제출했던 보고서에서 언급된 몇몇 구호들
을 (종종 글자 그대로 정확히 옮겨온 것은 아닌) 인용한 것이다. "Georges Marchais :
Avancer…"(《조르주 마르셰: 22차 당대회의 길 위에서 전진하기》), 앞의 글.

35) 알튀세르는 여기에 각주 내용을 제시하지는 않으면서 각주 표시만 해놓았다.

36) 같은 책, p. 10.

37) 1977년 9월 22일 갑작스레 발생했던 좌파연합의 분열 이후, 우파는 1978년 3월 19일 2차 선거에서 투표를 행한 유권자 중 51퍼센트의 지지를 획득하며 뜻밖의 승리를 거둔다.

38) 회사 혹은 기업을 일상적으로 표현하는 단어이다. —옮긴이

39) 구식 프랑 이후 프랑스에서 1959년부터 통용되기 시작한 새로운 화폐이다. —옮긴이

40) 알튀세르가 비꼬는 어투로 말하고 있기에 조금 쉽게 풀어서 이야기해보자. 프랑스의 제철 산업 자본가들은 외국 자본과의 경쟁으로 인해 자신들이 시장에서 낮은 이윤을 획득하고 있다고 '앓는' 소리를 한다. 물론 이것이 '앓는' 소리라고는 할지라도, 위에서 알튀세르가 지적하듯 프랑스 제철 산업의 '객관적 조건들'이 안 좋은 것은 사실이며, 그렇기 때문에 어떤 계급이 선거에서 승리해 통치 계급이 되든 간에 이 프랑스 제철 산업을 국유화하는 것은 쉽지 않은 것이다. 하지만 그럼에도 이것이 '앓는' 소리인 증거는, (현실적으로 고정자본의 전환이란 쉽지 않기에 불가능하긴 하지만 어쨌든) 정말로 프랑스 제철 산업 자본가들이 징징대듯 그 정도의 낮은 이윤만을 획득하고 있다면, 프랑스 제철 산업 자본가들은 (고정자본의 전환을 통해) 다른 부문으로 이동하거나 아니면 (현실적으로 가능한 대안인) 국가의 재정 보조(노동자에게서 착취한 잉여가치로 조성된 세금을 통한)를 강하게 원했을 것이기 때문이다. —옮긴이

41) 국가독점자본주의론은 프랑스 공산당의 1967년 18차 당대회에서 채택되었다. 1969년 이래 알튀세르는 현재 대부분 미간행 상태인 일련의 텍스트들에서 이 국가독점자본주의론에 대한 비판을 정교하게 발전시킨다. L. Althusser, *Les Vaches noires*…(《검은 소》), 앞의 책, p. 391 이하; *XXIIe Congrès*(《22차 당대회》), Paris, Maspero, "Théorie", 1977, p. 21 이하; *Ce qui ne peut plus durer dans le Parti communiste français*(《프랑스 공산당 안에서 더 이상 지속될 수 없는 것》), Paris, Maspero, "Théorie", p. 1978, p. 92 이하를 보라.

42) Centre de diffusion du livre et de la presse의 약자로, 프랑스 공산당 출판사가 만든 책들의 판매와 배송을 담당하는 기관이다.

미주

43) 조금 의역했으나, '전반적인 이론 그 자체'의 원어는 une théorie en général이다. -옮긴이

44) 단어 그 자체를 그대로 가져오지는 않은, *Métaphysique*(《형이상학》), 981 b 28-29에서의 인용.

45) 여기에서 '항상'은 알튀세르가 일부러 두 번 사용한 것을 그대로 옮긴 것이다. -옮긴이

46) 따옴표는 독자들의 이해를 돕기 위해 옮긴이가 붙인 것이다. -옮긴이

47) "프락시스praxis의 철학은 절대적 '역사주의', 사유에 대한 세계화와 절대적 세속성terrestrité, 역사에 대한 절대적 인간주의이다." *Cahiers de prison*(《옥중수고》), R. Paris 편집, 3권, P. Fulchignoni, G. Granel, N. Negri 번역, Paris, Gallimard/NRF, "Bibliothèque de philosophie", 1978, 11번째 수고, 27절, p. 235. "헤겔적 내재주의immanentisme는 역사주의가 된다. 하지만 이는 프락시스의 철학과 함께할 때에만 절대적 역사주의 혹은 절대적 인간주의가 될 수 있다.", *Cahiers de prison*(《옥중수고》), R. Paris 편집, 4권, F. Bouillot, G. Granel 번역, Paris, Gallimard/NRF, "Bibliothèque de philosophie", 1990, 15번째 수고, 61절, p. 176.

2장

1) Palmiro Togliatti, *Sur Gramsci*(《그람시에 대하여》), B. Bretonnière 번역, Paris, Éditions sociales, 1977. 팔미로 톨리아티는 그람시와 함께 이탈리아 공산당을 창립한 인물 중 한 명이었으며, 1947년부터 1964년까지 이 이탈리아 공산당의 서기장이었다.

2) *Le Capital*(《자본》), 2권, E. Cogniot, C. Cohen-Solal, G. Badia 번역, Paris, Éditions sociales, 1976, p. 162. 마르크스는 'umwälzen'('révolutionner')이라는 단어를 활용한다. 코헨-솔랄과 바디아는 자신들의 번역에서

'bouleversement'(전복)이라는 번역어를 사용한다.

3) '관계'라는 단어를 복수형이 아니라 단수형으로 활용하는 것에 관해서는, L. Althusser, "Livre sur l'impérialisme", in *Écrits sur l'histoire*(《역사에 관하여》), G. M. Goshgarian 편집, Paris, Puf, "Perspectives critiques", 2018, p. 143, p. 150 이하를 보라. (한국어판: 루이 알튀세르, 《역사에 관하여》, 이찬선·배세진 옮김, 오월의봄, 2019)

4) 같은 책, p. 244 이하.

5) L. Althusser, *Écrits sur la psychanalyse. Freud et Lacan*(《정신분석학에 관한 저술: 프로이트와 라캉》), O. Corpet와 F. Matheron 편집, Paris, Stock/Imec, 1993, p. 93 이하를 보라.

6) L. Althusser, "À Gretzky"(《그레츠키에게》), in *Écrits sur l'histoire*…(《역사에 관하여》), 앞의 책, p. 93 이하를 보라.)

7) **프락시스**의 철학의 역사적 특징에 관해서는, *Cahiers de prison*(《옥중수고》), 3권, 앞의 책, 11번째 수고, 62절, p. 283-285를 보라.

8) L. Althusser, "Union théorie/pratique (deux premières rédactions)"(《이론적/실천적 통일(두 가지 최초 초고)》)(1966-1967, 미간행), Imec, Fonds Althusser, Alt2.A7-02.05, p. 16; *Réponse à John Lewis*(《존 루이스에 대한 답변》), 앞의 책, p. 24; Lettre du 25 octobre 1967 à Roberto Fernández Retamar(《로베르토 페르난데스 레타마르에게 보내는 1967년 10월 25일자 편지》), 앞의 책, p. 5.

9) 그람시에 따르면, 크로체Croce가 제시한 "역사와 철학 사이의 동일성"은 "이 역사와 철학 사이의 동일성이 역사와 정치 사이의 동일성 …… 그러므로 또한 정치와 철학 사이의 동일성에 도달하지 못한다면 미완인 채로 남아 있게 된다." *Cahiers de prison*(《옥중수고》), 3권, 앞의 책, 10번째 노트, 2부, 2절, p. 47.

10) 따옴표는 독자들의 이해를 위해 옮긴이가 넣은 것이다. -옮긴이

11) *Cahiers de prison*(《옥중수고》), R. Paris 편집, 2권, M. Aymard와 P. Fulchignoni 번역, Paris, Gallimard/NRF, "Bibliothèque de philosophie", 1983, 7번째 수고, 24절, p. 188 이하를 보라.

12) N. Boukharine, *La Théorie du matérialisme historique : manuel populaire de sociologie marxiste*(《역사유물론 이론: 마르크스주의 사회학을 위한 대중 교과서》)(1921년 러시아어 1판 출간), 4판 프랑스어 번역 Paris, Éditions sociales internationales, "Bibliothèque marxiste", 1927; 복사본 재간행, Éditions du Sandre, 2008.

13) *Cahiers de prison*(《옥중수고》), 3권, 앞의 책, 13-34절, p. 195-247.

14) J. Staline, *L'Homme, le capital le plus précieux*(《인간, 가장 귀중한 자본》)(1935), 및 *Pour une formation bolchevik*(《볼셰비키의 형성을 위하여》), Paris, Éditions sociales, 1952, p. 35.

15) *Cahiers de prison*(《옥중수고》), 3권, 앞의 책, 11번째 수고, 64절, p. 287-288. 또한 13번째 수고, 18절, p. 388-389도 보라.

16) Avant-propos de "Critique de l'économie politique"(《《정치경제학 비판을 위하여》 서문》), M. Rubel과 L. Évrard 번역, in K. Marx, *Œuvres*, Rubel 편집, 1권: *Économie*, 1, 앞의 책, p. 273.

17) '역사적 블록'의 '유기적 지식인들'에 관해서는, *Cahiers de prison*(《옥중수고》), 3권, 앞의 책, 12번째 수고, 1절, p. 309-335를 보라.

18) 일반적으로 이 docte라는 단어는 긍정적인 의미로 쓰이지만 알튀세르는 여기에서 약간 부정적인 의미로 사용하고 있다. -옮긴이

19) '자유롭게 받아들이도록 만든다'의 원어는 lui faisant librement accepter로, '이러이러하게 하도록 시키다 혹은 만들다'는 의미를 지니는 faire와 '자유롭게 받아들이다'라는 의미의 librement accepter를 역설적으로 결합시킨 표현이다. -옮긴이

20) 여기에서 '접합'은 souder라는 동사를 옮긴 것으로, 원래는 '땜질하다' 혹은 '용접하다'는 뜻이다. 굳이 이를 지적하는 이유는, 이러한 동사의 활용이 '시멘트'로서의 이데올로기라는 비유와 연결되어 있기 때문이다. 또한 '형성/교육'은 former라는 동사를 옮긴 것인데, 프랑스어에서 former는 '형성하다'와 '교육하다'를 동시에 뜻한다. -옮긴이

21) "로마 교회는 '지식인들'의 종교와 '무지자âmes simples'의 종교라는 두 개의 종교가 '공식적으로' 형성되는 것을 막기 위해 투쟁에서 항상 가장 완고한 입장을 취해왔다." *Cahiers de prison*(《옥중수고》), 3권, 앞의 책, 11번째 수고, 12절, p. 180.

22) 같은 책, 12번째 수고, 1절, p. 319 이하.

23) '실천적 삶'은 vie pratique을 옮긴 것으로, 이 pratique은 알튀세르의 〈이데올로기와 이데올로기적 국가 장치들〉 논문의 핵심 개념 중 하나이다. 하지만 이 단어를 한국어로 옮기는 것은, 이 단어가 《번역 불가능 어휘사전 Dictionary of Untranslatables : A Philosophical Lexicon》(Barbara Cassin & Emily Apter 편집, Princeton University Press, 2014)의 한 항목인 것을 통해서도 알 수 있듯, 전혀 쉽지 않다. 〈이데올로기와 이데올로기적 국가 장치들〉과 관련된 논의를 번역할 때 이 pratique을 기계적으로 '실천적'으로 옮기면 맥락상 어색한 부분이 상당히 많다. 오히려 이 논문과 관련되는 논의에서 pratique은 '관행'이라는 의미에 더 가깝다. 독자들은 한국어 '실천'이 지니는 너무 '실천적'인 의미에서 조금 더 거리를 두고 이 단어를 이해할 필요가 있다. ─옮긴이

24) L. Althusser, "¿Existe en Marx una teoría de la religíon?", in *Nuevos escritos (la crisis del movimiento internacional frente a la teoría marxista)*, A. Roies Qui 번역, Barcelone, Laia, 1978, p. 166-167을 보라.

25) '역사적 블록으로서 국가'로 의역했으나 원어는 '역사적 블록의 국가', 즉 État du bloc historique이다. ─옮긴이

26) '정상적인 것과 병리적인 것Le normal et le pathologique'은 조르주 캉길렘 저서의 제목이며, 이 책의 영역본에 푸코가 서문을 썼을 정도로 푸코와 알튀세르 모두에게 깊은 영향을 끼친 책이다. 한국어판으로는 조르주 캉길렘, 《정상적인 것과 병리적인 것》, 여인석 옮김, 인간사랑, 1996을 참조하라. ─옮긴이

27) '즉'에서부터 타자 원고의 복사본에 빠진 단어들이 존재한다.

28) 네 부분에 최소 네 단어 이상이 빠져 있기 때문에 정확히 번역해 제대로 의미를 전달하기는 불가능하다. ─옮긴이

29) L. Althusser, "Ce quine peut plus durer dans le Parti communiste

français"(《공산당 내에서 더 이상 지속되어선 안 될 것》), 앞의 책, p.105.

30) 여섯 부분에 최소 여섯 단어 이상이 빠져 있기 때문에 정확히 번역해 제대로 의미를 전달하기는 불가능하다. -옮긴이

31) 원문에는 이 '부르주아지'에 관사 la가 빠져 있어 편집자가 la를 넣어주었으나 한국어 번역에서는 불필요하기에 표시하지 않았다. -옮긴이

32) 빠진 부분 때문에 여기에서 말하는 '역사'가 그람시가 언급했던 '수동적 역사'인지 사실상 확정하기 힘들지만 그럴 가능성이 높아 보여 이렇게 번역했다. -옮긴이

33) 일곱 부분에 최소 일곱 단어 이상이 빠져 있기 때문에 정확히 번역해 제대로 의미를 전달하기는 불가능하다. -옮긴이

34) '수동적 혁명'으로서 리소르지멘토에 관해서는, *Cahiers de prison*(《옥중수고》), R. Paris 편집, 5권, C. Perrus와 P. Laroche 번역, Paris, Gallimard/NRF, "Bibliothèque de philosophie", 1991, 19번째 수고, 24절, p. 58-62를 보라.

35) '수동적 혁명'으로서 파시즘에 관해서는, *Cahiers de prison*(《옥중수고》), 3권, 앞의 책, 10번째 수고, 1부, 9절, p. 34-35를 보라.

36) 같은 책, 13번째 수고, 17절, p. 376-377.

37) Avant-propos de "Critique de l'économie politique"(《《정치경제학 비판을 위하여》의 서문》, M. Rubel과 L. Évrard 번역, in K. Marx, *Œuvres*, 앞의 책, p. 273.)

38) L. Althusser, *Réponse à John Lewis*(《존 루이스에 대한 답변》), 앞의 책, p. 16 이하를 보라.

39) K. Marx 외, *L'Idéologie allemande*, 앞의 책, p. 1054 이하.

40) 이 책의 본문 168쪽 미주 47)을 보라.

41) 이 '수동적 혁명'이란 것은 정말 쓸모없는 것이라는 의미이다. -옮긴이

42) '소여들'은 données를 옮긴 것으로, 철학에서는 이를 '소여'로 번역하지만 일상에서는 '데이터'를 의미한다. -옮긴이

43) *Le Capital*(《자본》), 3권, C. Cohen-Solala과 G. Badia 번역, Paris, Éditions sociales, 1976, p. 739.

44) 이는 스피노자적 주제를 알튀세르가 자신의 방식대로 변형한 것이다. Spinoza, *Traité de la réforme de l'entendement*(《지성 개선론》), 대역본, A. Lécrivain의 편집과 번역, Paris, GF-Flammarion, 2003, 33절, p. 84-85; *Éthique*(《윤리학》), 대역본, B. Pautrat의 서문과 번역, Paris, Seuil, 1988, 재판 1999, 1권, 17번 명제, 주석, p. 48-49.

45) 원문에는《옥중수고》에 sic, 즉 '원문 그대로' 표시가 되어 있는데, 이는 알튀세르가《옥중수고》의 프랑스어 제목을 Cahiers de prison이 아니라 Cahiers de la prison으로 잘못 표기해놓았기 때문이다. -옮긴이

46) '이론적 전개'는 développement을 의역한 것으로, 영어와 마찬가지로 프랑스어 développement에는 '발전'과 '전개'라는 의미가 모두 들어 있다. 학문적 저술들에서 développement은 많은 경우 '이론적 발전' 혹은 '이론적 전개'를 의미하므로, '이론적'이라는 단어가 포함되어 있는 것은 아니지만 '이론적 전개'로 의역한다. -옮긴이

47) 이러한 구분에 반대해, 그람시는 프락시스의 철학이 '통합적 철학 philosophie intégrale'의 특징을 지닌다는 점을 강조한다. *Cahiers de prison*(《옥중수고》), 3권, 앞의 책, 11번째 수고, 22절, p. 222-223.

48) *Matérialisme et empiriocriticisme : notes critiques sur une philosophie réactionnaire*(《유물론과 경험비판론: 어느 반동적 철학에 관한 비판적 노트》), Paris/Moscou, Éditions sociales/Éditions du Progrès, 1973, p. 9-10, p. 27-34, p. 40-45, p. 50-53, p. 343-345 등등.

49) L. Althusser, *Être marxiste en philosophie*(《철학에서 마르크스주의자가 된다는 것》), 앞의 책, p. 127; *Initiation à la philosophie*···(《비철학자를 위한 철학 입문》), 앞의 책, p. 52 이하, p. 384 이하를 보라.

50) *Expérience et jugement*(《경험과 판단》), D. Souche-Dagues 번역, Paris, Puf, "Épiméthée", 1991.

51) 독자들의 이해를 돕기 위해, 조금 길지만 독일 관념론자들과 마르크스 사

미주

이의 관계에 대한 발리바르의 다음과 같은 설명을 제시하겠다. ─옮긴이

현재의 행위action au présent: 여기에서 '현행적en acte, in der Tat'이라는 단어가 특히 중요하다. '현행적'이라는 단어가 지니는 두 가지 측면 중 첫 번째 측면에 대해 설명해보자. 사실 이 단어들은 현재성, 유효성, '사실들faits, Tatsache'이라는 의미를 환기시킨다. 그러므로 이 단어들은 마르크스의 심원한 반反─유토피아적 지향성을 표현하며, 또한 조직화의 과정 중에 있는 프롤레타리아 계급투쟁의 최초 형태들에 대한 준거가 왜 그토록 마르크스의 눈에 결정적인 것으로 보였는지를 이해할 수 있게 해준다. '포이어바흐에 관한 테제들'이 우리에게 말해주는 바로서의 혁명적 실천이란, 혁명적 실천이 사회의 재구성을 위한 하나의 프로그램 또는 하나의 계획을 실현해서는 안 되며, 더욱이 이 실천은 (18세기와 19세기 초의 박애주의자들이 제안했던 것과 같은) 철학적이고 사회학적인 이론들이 제시하는 미래의 비전에 덜 의존해야만 한다는 것이다. 하지만 이 혁명적 실천은 "현재의 상태를 폐지하는 현실의 운동"과 일치해야 하는데, 이 "현재의 상태를 폐지하는 현실의 운동"이 바로 공산주의의 유일한 유물론적 정의라고 마르크스가 설명하는, 《독일 이데올로기》에서 그가 제시한 그런 운동이다. 하지만 이 지점에서 우리는 두 번째 측면과 만나게 된다. '현행적en acte'이라는 것은 이것이 현재에서au présent 전개되는 활동activité, Tätigkeit과 기획과 관련된다는 것을, 그리고 개인들이 그들의 모든 육체적이고 정신적인 힘을 다해서 이 활동과 기획에 참여하고 있다는 것을 의미한다. 그러므로 바로 이 지점에서 의미심장한 전도가 이루어지는 것이다. 모제스 헤스와 다른 '청년 헤겔주의자들', 즉 역사철학의 적수들─항상 과거의 의미와 여러 법철학들에 관해 사유했으며 기존 질서에 대해 논평했던 이들─은 행위의 철학philosophie de l'action을 제안했다(포이어바흐의 경우 그는 미래철학을 선언하는 텍스트를 출간했다). 결국 마르크스가 의미하는 바는 다음과 같다. 행위는 현재에au présent '이루어agie'져야 하며 이 행위에 대해 논평하거나 예고해서는 안 된다. 그러므로 철학은 자신의 자리를 양보해야 한다. 혁명적 요청과 운동에 조응하는 것은 심지어 '행위의 철학'도 아니다. 그것은 단적으로 말해sans phrases 바로 행위 그 자체이다. 하지만 철학은 자신의 자리를 양보하라고 하는 이런 명령에 전혀 무관심한 채로 남아 있을 수 없다. 만일 철학이 스스로의 중요성을 유지하려 한다면, 이 철학은 역설적으로 바로 이런 명령 내에서 자기 자신의 실현을 보아야만 한다. 자연스럽게도 마르크스는 여기에서 무엇보다도 자신이 깊은 영향을 받았던, 그리고 프랑스대혁명이 생산한 관념과 긴밀한 관계를 맺고 있었던 독일관념론 전통을 생각

하고 있는데, 특히 그는 "자신의 의무를 행하라", 다시 말해 정언명령—이 정언 명령의 내용은 인간적 형제애이다—에 부합하도록 세계 내에서 행동하라는 칸트적 명령을 생각하고 있다. 또한 마르크스는 《정신현상학》에서 헤겔이 제시했던 다음과 같은 주장을 생각하고 있다. "존재해야 하는 것은 또한 현행적이다en acte, in der Tat. 또한 존재함être 없이 존재해야만 하는 것은 어떤 진리도 가지지 못한다." 더욱 정치적인 측면에서, 마르크스는 근대 철학이 보편적인 것을 〈인간과 시민의 권리선언〉의 원칙들과 동일시했다는 사실을 생각하고 있다. 하지만 정확히 말해, 이론 내에서 신성화된 이 원칙들은 매순간 부르주아 시민사회(이 부르주아 시민사회에서는 형제애는 말할 것도 없고 평등도, 심지어 자유조차도 지배하지 못한다)에 의해 무시되거나 금지된다. 그렇지 않다면 이 원칙들은 사실 속에서, 하지만 혁명적이고 '봉기적'인 실천(필요하다면 '비판의 무기'를 '무기의 비판'으로 대체함으로써 봉기하는 이들 모두의 실천) 내에서 실현되기 시작한다. 철학에게는 조금 가혹한, 하지만 철학 자신의 원리들로부터 도출된 이런 결론이 바로 마르크스가 이 지점에서 관념론을 유물론으로 전도한다고 말할 때 의미하는 바인 것이다.
에티엔 발리바르, 《마르크스의 철학》, 배세진 옮김, 오월의봄, 2018, 96~98쪽.

52) "동시에 우리는 '철학과 정치', 사유와 행동 사이의 동등함 혹은 등식, 그러니까 프락시스의 철학에 도달하게 된다. 모든 것은 정치이며, 심지어 철학 혹은 철학자들조차 그러하다. …… 그리고 유일하게 '철학'만이 현행적인en acte 역사, 다시 말해 삶 그 자체이다.", *Cahiers de prison*《옥중수고》, 2권, 앞의 책, 7번째 수고, 35절, p. 202.

53) *Cahiers de prison*《옥중수고》, 3권, 앞의 책, 13번째 수고, 10절, p. 366.

54) "자신의 위치에서 지구를 끌어당겨 다른 장소로 이동시키기 위해, 아르키메데스는 확보된 고정점 하나만을 필요로 했다. 그래서 만일 내가 확실하고 의심의 여지없는 하나의 사물만을 운 좋게도 발견하게 된다면, 나는 드높은 희망을 가지고서 사고할 권리를 가지게 될 것이다." R. Descartes, *Méditations*《성찰》, Paris, Puf, "Quadrige", 2012, p. 36-37. "당신은 세상을 들어올리기 위해 아르키메데스와 같이 하나의 고정점을 찾고 있으며, 당신은 **'나는 생각한다'**라는 이러한 원리 혹은 이러한 언표 속에서 이를 찾을 수 있을 거라 믿고 있습니다. ……" "Recensement des arguments nouveaux contenus

dans les instances de Gassendi", in *Œuvres philosophiques*(《철학적 논술》), A. Garnier 편집, 2권, Paris, Hachette, 1834, p. 509. L. Althusser, "Soutenance d'Amiens"(《아미앵에서의 주장》), 앞의 책, p. 160; "À propos de Marx et l'histoire"(《마르크스와 역사에 관하여》), in *Écrits sur l'histoire*…(《역사에 관하여》), 앞의 책, p. 278을 보라.

55) "…… 국가라는 표현을 우리는 통치의 장치뿐만 아니라 헤게모니 혹은 시민사회의 '사적' 장치로도 이해해야 한다." *Cahiers de prison*(《옥중수고》), 2권, 앞의 책, 6번째 수고, 137절, p. 117. '불침번'으로서의 국가[즉 야경국가]라는 통념을 비판하면서, 그람시는 어떻게 국가가 시민사회의 요소들을 포함해야 하는지를 보여준다. 바로 여기에서 그의 유명한 등식, 즉 '국가=정치사회+시민사회, 다시 말해 강제라는 갑옷을 입은 헤게모니'가 등장하게 되는 것이다. 같은 책, 6번째 수고, 88절, p. 82, p. 83. '불침번'으로서의 국가[즉 야경국가]라는 개념에 대해서는, 또한 *Cahiers de prison*(《옥중수고》), 5권, 앞의 책, 26번째 수고, 6절, p. 327-328을 보라.

56) *Principes de la philosophie du droit*, 189절 이하.

57) *Cahiers de prison*(《옥중수고》), 3권, 12번째 수고, 1절, p. 314. "이제부터 우리는 상부구조에서 두 가지 거대한 '단계들'을 세울 수 있다. '시민사회', 즉 통속적으로 '사적'이라고 불리는 조직체organismes 전체ensemble라는 단계, 그리고 '정치사회 혹은 국가'라는 단계. 첫 번째 단계는 지배집단이 사회 전체에 행사하는 '헤게모니'의 기능에 조응하며, 두 번째 단계는 국가와 '법률적' 통치 안에서 표현되는 '직접적 지배' 혹은 명령이라는 기능에 조응한다."

58) J.-J. Rousseau, *Du contrat social*(《사회계약론》), in *Œuvres complètes*(《전집》), B. Gagebin과 M. Raymond 편집, 3권, Paris, Gallimard, "Bibliothèque de la Pléiade", 1964, p. 355.

59) 프랑스의 군사작전 사령관이었던 위베르 료테Hubert Lyautey (1854~1934)를 말한다. ─옮긴이

60) L. Althusser, *Sur la reproduction*(《재생산에 대하여》), 앞의 책, p. 230, 각주 22를 보라.

61) 같은 책, p. 272, p. 274 이하.

62) 이 문장에서 알튀세르는 그람시를 비꼬고 있다. −옮긴이

63) *Cahiers de prison*(《옥중수고》), 3권, 앞의 책, 11번째 수고, 27절, p. 232; 10번째 수고, 1부, 13절, p. 42.

64) 따옴표는 옮긴이가 넣은 것이다. −옮긴이

65) 이 문장에서 등장하는 '그 자체'는 모두 옮긴이가 의미를 살리기 위해 넣은 것이다. −옮긴이

66) *Cahiers de prison*(《옥중수고》), 2권, 앞의 책, 7번째 수고, 16절, p. 183.

67) "국가 조직 전체뿐만 아니라 시민사회의 연합체 전체가 취하는 근대 민주주의의 촘촘한 구조는 정치술의 관점에서 보면 진지전이 형성하는 영구적 성격의 참호와 성채로 이루어진 전선과 동일하다. 반면 운동이 전쟁의 '전부' 등 등이었던 이전과는 달리, 근대 민주주의는 이 운동을 '부분적'인 하나의 요소로만 환원시킨다." 같은 책, 13번째 수고, 7절, p. 364.

68) "Graves propos de Louis Althusser"(〈알튀세르에 관한 중대한 발언〉), L' Humanité, 1978년 5월 13일, p. 1. 타자 원고에서 날짜 부분이 공백으로 남겨져 있다. 이 글에서 프랑스 공산당의 사무국 구성원 중 한 명인 로랑은 알튀세르가 당의 지도부, 당의 조직 방식과 운영 방식, 당의 정치적 노선을 비판하는 인터뷰(Al "punto zero" dolla teoria : Louis Althusser ha avviato nel Pcf un severo dibattito autocritico sulle ragioni della sconfitta elettorale", G. Fanti 인터뷰와 정리, *Paese sera*, 1978년 5월 6일, p. 5)를 직접적인 표적으로 삼고 알튀세르를 격렬히 비난한다. "루이 알튀세르의 공격은 …… 공산주의자들에 의해 그에 상응하는 평가를 받을 것이다. 바로 이 때문에 이 공산주의자들이 알튀세르의 시도를 완전히 무력화시키기 위해 행동할 것이다." 또한 이 책의 본문 181쪽 미주 27)을 보라.

69) 이는 1976년 2월 프랑스 공산당이 22차 당대회에서 프롤레타리아 독재 개념을 포기한 것에 대해 알튀세르가 한 비판을 인용하는 한 신문 기사에 관해 논평했던, 프랑스 공산당 지도부의 구성원인 샤를르 피테르만Charles Fiterman을 암시하는 언급이다. "확실히, 지스카르 데스텡에서 《르몽드》를 거쳐 가로디까지, 프롤레타리아 독재 수호자들의 이상한 전선이 구성된다. 마르크스

주의의 살아 있는 정신을 시야에서 놓치고 텍스트에만 집착하는 이 몇몇 동료들은 50년 전부터 우리 적들이 꿈꾸어왔던 봄을 알리는 제비—도래한 적이 없었으며 앞으로도 절대 보지 못할 봄을 알리는 제비—가 아니다. 이 동지들은 이에 대해 앞으로 성찰할 것이며 우리는 이를 도울 것이다." "À propos d'un article du *Monde*. Charles Fiterman : Rien ne nous détournera de notre combat"(《르몽드》의 한 기사에 관하여. 샤를르 피테르만: 그 무엇도 우리를 우리의 투쟁에서 멀어지게 하지는 못할 것이다》), *L'Humanité*(《뤼마니테》), 1976년 4월 26일, p. 5.

70) *Sur la reproduction*(《재생산에 대하여》), 앞의 책, p. 275, p. 285, p. 302.

3장

1) *Cahiers de prison*(《옥중수고》), 3권, 앞의 책, 13번째 수고, 20-21절, p. 395-399, 특히 p. 397-398을 보라.

2) Machiavel, *Discours sur la première Décade de Tite-Live*(《로마사 논고》), A. Péllissier 편집, T. Guiraudet 번역, Paris, Flammarion, "Champs", 1985, p. 57 이하.

3) Machiavel, *Le Prince*(《군주론》), M. Gaille-Nikodimov 편집과 번역, Paris, Le Livre de poche, "Classiques de la philosophie", 1998, p. 92 이하, p. 123 이하.

4) 국내 알튀세리앵들은 알튀세르와 마키아벨리에 관한 글을 번역할 때 이 '비르투'를 '역능' 혹은 '역량'으로 번역한다(사실 '역능' 혹은 '역량'은 스피노자 철학에서 puissance의 번역어인데, '역능'이 현실에서 쓰이지 않는 단어라는 점에서 '역량'이 더욱 적합한 번역어라고 생각한다). 본서에서는 '비르투'로 음독하지만, 마키아벨리의 정치철학에 익숙하지 않은 독자들의 경우 이를 '역량'과 동의어로 이해해도 무방할 것 같다. 국내 마키아벨리 번역자들 사이에서 번역 논쟁이 제대로 마무리되지 않은 이 '비르투'의 번역어 선정에 대해 이 자리에서 논하지는 않겠다. ─옮긴이

5) 같은 책, p. 127.

6) 같은 책, p. 128, p. 138 이하.

7) 같은 책, p. 77-80.

8) 같은 책, p. 129 이하.

9) 한국어에서는 '인간'과 '남자'가 구분되지만 프랑스어에서는 구분 없이 모두 homme이다. 앞으로 등장할 군대에 대한 논의를 통해 추측할 수 있듯, 마키아벨리가 생각하는 인간은 군대에 입대해 전투를 수행할 수 있는 '남자'이다. 하지만 번역에서는 이러한 모호성을 유지하기 위해, 명확히 '남자'로 쓰인 곳을 제외하고는 모두 '인간'으로 번역한다. ─옮긴이

10) le Prince, 즉 '대문자 군주'의 경우 앞으로 볼드체 군주로 표현한다. ─옮긴이

11) 같은 책, p. 120, p. 129 이하, p. 149 이하.

12) Machiavel, *Discours*…(《로마사 논고》), p. 63 이하, p. 66 이하.

13) 같은 책, p. 201 이하; *Le Prince*(《군주론》), 위의 책, p. 111 이하; *L'Art de la guerre*(《전쟁의 기술》), T. Guiraudet 번역, E. Barincou 감수, in Machiavel, *Œuvres complètes*, E. Barincou 편집, Paris, Gallimard, "Bibliothèque de la Pléiade", 1952, p. 735-754.

14) 말에 올라탄 귀족들이 실제 전문 기병이 아니라 단지 말을 소유하고 있다는 이유로 기병이 된 이들이라는 점에서 이 '정치학교'는 귀족들을 부수적인 존재로 취급하고 생산적 시민들이 형성하는 보병대를 진정한 존재로 취급한다는 의미이다. 또한 '군대 덩어리'라고 옮긴 단어의 원어는 amalgame militaire이며, 여기에서 아말감amalgame은 여러 이질적인 요소들이 한 곳에 뭉쳐 있다는 것을 의미하는 단어로, 이질적인 성격의 여러 종류의 인민들(소위 '어중이떠중이')이 보병대에 모여 있기 때문에 활용된 것으로 보인다. 또한 vertu의 경우 문맥상 어색한 부분들이 조금 있지만 일관되게 '덕'으로 번역했음을 밝힌다. ─옮긴이

15) 형용사 pur et simple 혹은 부사 purement et simplement은 프랑스어의 문어에서 매우 자주 쓰이는 관용어로, 한국어로는 어색하지만 '순수하고 단순

한' '순수하고 단순하게' 정도로 직역할 수 있다. '순전한' '순전히' '완전한' '완전히' 정도로도 번역 가능하지만 어색하더라도 그 의미를 살리기 위해 직역했다. ─옮긴이

16) '회색 사자'라는 표현은 아마도 어느 한쪽 편을 선택하지 않고 어정쩡한 중립을 유지하는 입장을 비유적으로 표현하는 '회색지대'에서 가져온 표현으로 보인다. ─옮긴이

17) *Le Travail de l'œuvre : Machiavel*(《저작의 노동: 마키아벨리》) (1972), Paris, Gallimard, "Tel", 1986, p. 725 이하.

18) '일 수 있는'과 '이어야만 한다'의 따옴표는 옮긴이가 독자들의 이해를 위해 삽입한 것이다. ─옮긴이

19) 앞으로도 '갑작스레 출현하다'라는 의미의 surgir라는 동사와 이 동사에서 파생된 단어들은 한국어로 어색하더라도 전부 '돌발'로 통일해 번역하고 원어를 병기할 것인데, 이는 이 '돌발'이라는 어휘가 알튀세르에게서 마주침의 유물론과 관련한 특별한 의미를 지니기 때문이다. 이 '돌발의 문제 설정'에 대해서는 진태원 엮음, 《알튀세르 효과》, 그린비, 2011에 실린 진태원의 논문 〈과잉결정, 이데올로기, 마주침: 알튀세르와 변증법의 문제〉와 최원의 논문 〈인셉션인가, 호명인가?: 슬로베니아 학파, 버틀러, 알튀세르〉를 참조하라(참고로, 최원의 논문은 《라캉 또는 알튀세르》, 난장, 2016의 3장에서 더욱 발전되었다). ─옮긴이

20) '여우-사자-인간'의 따옴표는 독자의 이해를 돕기 위해 옮긴이가 붙인 것이다. ─옮긴이

21) '모든 도덕적인 덕을 무시해야'에서 '무시하다'는 숙어 faire litière de를 옮긴 것이다. 현대 프랑스어에서는 잘 쓰이지 않는 이 단어는 '중요시하지 않다' '멸시하다' '경시하다' 등의 의미인데, 여기에서 litière는 '고양이 배설용 흡수모래'를 의미한다. 굳이 잘 쓰이지 않는 이 단어를 알튀세르가 활용하는 이유는 여우-사자-인간, 즉 동물의 비유를 계속 이어가기 위해서이다. ─옮긴이

22) Machiavel, *Le Prince*(《군주론》), 앞의 책, p. 119-120, p. 137.

23) 토픽은 '장소론'으로도 많이 번역되며 알튀세르의 핵심 개념 중 하나이다. 토픽이란 "(정치적, 이데올로기적, 경제적 수준뿐만 아니라 개인적이고 집단적인 수준, 실천적

이고 이론적인 수준, 담론적이고 비담론적인 수준 따위의) 사회 전체의 다양한 심급들 또는 수준들 사이에 형성되는 서로를 구속하면서도 동시에 미분적인(심지어 갈등적인) 접합의 관계를 재현하는 공간적 은유"이다. 최원, 《라캉 또는 알튀세르》, 난장, 2016, 227쪽. ─옮긴이

24) "······ 사적 인간homme privé이 군주가 된다는 이러한 사건 ······", Machiavel, *Le Prince*(《군주론》), 앞의 책, p. 76 ("(···) questo evento di diventare di privato principe (···)")

25) L. Althusser, "Lénine devant Hegel" (1968), in *Lénine et la philosophie suivi de Marx et Lénine devant Hegel*(《레닌과 철학 및 헤겔 앞에 선 마르크스와 레닌》), Paris, Maspero, "Théorie", 1972, p. 86 이하; *Réponse à John Lewis*(《존 루이스에 대한 답변》), 앞의 책, p. 31 이하, p. 69 이하.

26) Machiavel, *Le Prince*(《군주론》), 앞의 책, p. 119.

27) 1978년 4월 27일 중앙위원회에 제출한 보고서에서 조르주 마르셰는 알튀세르가 일간지 《르몽드》에 〈공산당 안에서 더 이상 지속될 수 없는 것〉이라는 제목으로 4월 25일부터 4월 28일까지 기고한 프랑스 공산당 지도부에 대한 비판을 자신만의 방식으로 다음과 같이 이해한다. "프랑스 공산당 안에서 행해진 집단 토론을 이렇듯 알튀세르가 의도적으로 무시한 것이 자유로운 토론 뒤 다수에 의해 거부당한 자신의 정치적 입장을 직시하는 것에 대해 그가 느끼는 공포를 스스로 증명하는 것이 아닌가? 자신의 연구실 안에 앉아 독백을 하는 것이, 그리고 현실의 바깥에서, 자신의 동지들의 이의 제기를 회피하면서, 그 지지자들을 참으로 쉽게도 찾아낼 단호한 글들을 쓰는 것이 훨씬 쉬운 일이라는 것은 사실이다." ("Georges Marchais : avancer···", 앞의 글, p. 7) 알튀세르는 조금 뒤 단행본 형태로 출간되는 자신의 텍스트의 5월 10일 자 서문에서 다음과 같이 응수한다. *Ce qui ne peut plus durer dans le Parti communiste français*(《프랑스 공산당 안에서 더 이상 지속될 수 없는 것》), 앞의 책, p. 11. "독백과 연구실에 관해서는 역시 프랑스 공산당 지도부가 최고이기 때문에 이에 대해 지도부를 가르칠 수 있는 이는 아무도 없다." 또한 *L'avenir dure longtemps* (1985), in *L'avenir dure longtemps suivi de Les Faits*(《미래는 오래 지속된다 및 사실들》), 3판, Y. Moulier Boutang & O. Corpet 편집, Paris, Flammarion, "Champs essais", 2013, p. 196.

28) Machiavel, *Le Prince*(《군주론》), 앞의 책, p. 96, p. 98, p. 134.

29) '헤게모니와 유사한 특정한 무언가'로 의역해 옮겼으나, 원어는 '특정한 종류의 헤게모니' 혹은 '일종의 특정한 헤게모니', 즉 une certaine sorte d' hégémonie이다. -옮긴이

30) 앞에서도 등장했지만, '여우-사자-인간'은 homme-lion-renard를 옮긴 것으로, 여기에서는 여우, 사자, 인간이 합쳐진 하나의 '무언가'를 뜻한다. -옮긴이

31) 즉 군주는 문헌 자료를 통해 모든 정보와 지식을 얻고 난 이후 지적 정직함 속에서 결정을 내리므로 우리가 군주의 결정을 비판하지 못한다는 의미이다. -옮긴이

32) 이 책의 본문 141~142쪽을 보라.

33) Machiavel, *Le Prince*(《군주론》), 앞의 책, p. 162 이하.

34) 체자레 보르자는 르네상스 시대의 발렌티노와 로마냐의 공작이자, 안드리아와 베나프로의 군주이며, 디오이스의 백작, 피옴비노·카메리노·우르비노의 지배자인 동시에 교회군의 총사령관이자 장관이면서, 스페인과 이탈리아의 용병대장, 전직 추기경이다. 체자레는 교황 알렉산데르 6세의 사생아였는데, 알렉산데르 6세는 체자레를 후원해줄 힘이 있었고, 그러한 아버지의 전적인 지원을 바탕으로 그는 기초부터 차근차근 자신의 업적을 쌓아갔다. 아버지에 의해 교황군의 총지휘관으로 지명받은 체자레는 교황청의 권위 회복과 교황청에 굴복하지 않는 이탈리아의 군소 도시들을 정복하는 임무를 띠고 파병되었다. 물론 체자레는 군인은 물론 정치가로서도 매우 유능한 인재였지만, 교황의 후원 없이는 혼자서 아무것도 할 수 없었다. 그래서 알렉산데르 6세의 선종은 곧 체자레의 몰락을 뜻했다. 1503년 알렉산데르 6세가 말라리아로 인한 고열과 구토로 쓰러져 선종하면서 체자레의 화려한 경력도 종지부를 찍을 수밖에 없었다. 거기에는 교황과 체자레를 함께 독살한 후 재산을 차지하려 했던 한 추기경이 먼저 둘을 초대해서 천천히 효과가 발휘되는 독이 든 음식을 먹게 하여 암살했다는 이야기가 있다. 실제로 알렉산데르 6세가 말라리아로 인한 고열과 구토로 쓰러져 선종했을 때, 체자레 또한 고열과 구토에 시달렸다. 그에게 동정적이었던 새 교황 비오 3세가 얼마 못 가 선종한 후 과거 알렉산데르

6세의 정적이었던 교황 율리오 2세가 등극하게 된다. 율리오 2세 휘하의 사람들은 체자레를 모함했고 결국 체자레는 산탄젤로 성의 지하 교도소에 투옥되었다. 1504년에 스페인으로 추방당한 체자레는 그곳의 포로로 전락했다. 메디나 델 캄포의 모타 성에 갇혀 지낸 지 2년 만에 탈출에 성공한 그는 처남(나바라의 후안 3세)이 왕으로 있는 나바라 왕국으로 도주했다. 1507년 체자레는 비아나 포위공격 때 수많은 자상을 입고 사망했다(위키피디아 '체자레 보르자' 항목 참조). - 옮긴이

35) 같은 책, p. 82, p. 86-88.

36) 여기에서 '(청년들을) 재정적으로 지원해주었다'라고 번역한 동사는 entretenir이다. 이러한 맥락에서 쓰일 때 entretenir는 '재정적으로 지원해주다'라는 뜻을 나타내는데, 사실 이에는 '애인 사이의 은밀한 재정적 지원'이라는 함의가 포함되어 있다. 그래서 명료하게 표현되었다고 할 수 없고 그 뜻을 확정할 수도 없지만, 이 청년들과 마키아벨리 사이에 암묵적인 애정 관계가 존재했다는 뉘앙스를 알튀세르는 이 동사를 통해 매우 암시적으로 전달하고 있는 것 아닌가 싶다. 여성 혐오적인 표현이지만 프랑스어로 une femme entretenue라고 하면 한국에서 흔히 속되게 쓰는 말로 어떤 남자가 '스폰'을 해주고 있는 '애인' 혹은 '정부'를 뜻한다. 참고로 한 가지만 지적하면, 문장 구조상으로는 청년들을 지원해준 이를 체자레 보르자로 보는 것이 조금 더 자연스럽지만, 고슈가리언과의 서신 교환에서 그는 역사적으로 마키아벨리가 실제로 재능 있는 청년들과 우정을 맺어왔으며, 여기에서 중요한 것은 허약한 사자의 힘의 예시들을 계속 나열하는 것이므로, 체자레 보르자 다음으로 알튀세르가 이 재능 있는 청년들과 마키아벨리 사이의 우정을 허약한 힘의 사례로 제시하는 것으로 보는 게 맞다고 주장했다. 그래서 편집자의 주장을 따라, 문장 구조상으로는 매우 어색하더라도 이 우정의 주체를 보르자가 아니라 마키아벨리로 설정했다. - 옮긴이

37) Machiavel, *Le Prince*(《군주론》), 앞의 책, p. 130 이하.

38) 이탈리아어로 il Risorgimento는 이탈리아 반도에 할거한 여러 국가들을 하나의 통일된 국가인 이탈리아로 통일하자는 정치적이고 사회적인 운동으로, 이 이탈리아의 통일 운동이 시작되고 끝난 시기가 언제인지에 대해서는 의견이 분분하나, 많은 학자들은 대체적으로 나폴레옹 1세가 몰락하고 빈 체제

가 시작된 1815년부터 프로이센-프랑스 전쟁이 끝난 1871년까지로 보고 있다(위키피디아 '이탈리아 통일' 항목 참조). -옮긴이

39) *Discours de la méthode*(《방법서설》), Paris, Vrin, "Librairie philosophique", 1982, p. 70-71.

40) Althusser, "Soutenance d'Amiens"(〈아미엥에서의 주장〉), in *Positions*(《입장들》), 앞의 책, p. 146.

41) *Discours…*(《로마사 논고》), 앞의 책, p. 43.

42) Machiavel, *Le Prince*(《군주론》), 앞의 책, p. 94.

43) 같은 책, p. 162.

44) 같은 책, p. 74.

45) 법률적 사실이 선험적 사실을 말하는 것인 이유는 우리가 어떠한 행위를 하든 그 행위의 결과가 법전 안에 이미 쓰여 있기 때문이다. 가령 내가 누군가를 죽음에 이르게 한다면, 판사는 법전 혹은 기존 판례에 따라, 의도가 있었는지 아니면 사고였는지, 계획적 살인인지 아니면 우발적 살인인지에 따라 형량을 매기고 나는 법의 심판을 받는다. 이처럼 모든 행위 혹은 사실 '이전에', 즉 '선험적으로' 법률은 모든 것을 이미 규정해놓았다는 점에서 알튀세르는 선험적 사실을 법률적 사실이라고 표현하고 있는 것이다. -옮긴이

46) 같은 책, p. 119-120.

47) *Sur la reproduction*(《재생산에 대하여》), 앞의 책, p. 113 이하, p. 171 이하, p. 188-189를 보라.

48) 현대 프랑스어에서 malice에는 '악의'라는 뜻이 없으며 대신 '짓궂은 장난'이나 '놀림' '빈정거림' '우롱' 등을 의미한다. 하지만 여기에서는 알튀세르가 예전 프랑스어의 의미를 살려서 malice를 vice와 유사한 '악의'의 뜻으로 활용하고 있다. -옮긴이

49) "Philosophie épicurienne (Cahiers d'études, 1839-1840)"(〈에피쿠로스 철학 노트〉), in K. Marx, *Œuvres*, 3권, 앞의 책, p. 844; K. Marx 외, *L'Idéologie*

allemande(《독일 이데올로기》), 앞의 책, p. 1052.

50) 여기에서 '인식하다'는 프랑스어 동사 connaître를 옮긴 것이다. -옮긴이

51) Machiavel, *Le Prince*(《군주론》), 앞의 책, p. 56.

52) 같은 책, p. 79 이하.

53) 1452~1498, 이탈리아의 도미니쿠스회 수도사이자 설교가, 종교 개혁가이다. 사보나롤라는 설교를 통해 피렌체시를 개혁하고, 민주 정치를 실시하려고 했다. 또한 교황 알렉산데르 6세의 부도덕을 비난하고, 로마 가톨릭교회와 이탈리아가 벌을 받을 것이라고 예언했다(위키피디아 '지롤라모 사보나롤라' 항목 참조). -옮긴이

54) prophète désarmé를 의역한 것으로, 여기에서 désarmé, 즉 '무기를 갖추고 있지 않다'는 것은 이 예언가가 예언 말고는 할 수 있는 것이 아무것도 없는 이라는 점을 의미하는 형용사이다. -옮긴이

55) 같은 책, p. 151.

56) '섬'은 알튀세르가 자본주의 안에 존재하는 공산주의의 요소들을 설명하기 위해 활용하는 비유로, 여기에서는 알튀세르가 이 섬이라는 비유를 봉건제에 존재하는 자본주의의 요소들을 설명하기 위해 활용하고 있다. 치옴피는 르네상스 시대 피렌체의 가난한 모직물 노동자 집단을 뜻한다. -옮긴이

57) *Histoires florentines*, T. Guiraudet 번역, E. Barincou 감수, in Machiavel, *Œuvres*⋯ 앞의 책, p. 1088 이하.

58) 복사가 제대로 되지 않아 페이지 맨 위의 최소 한 줄이 빠져 있다. 또한 이 페이지에서 복사가 되지 않은 첫 번째 문장 다음의 두 번째 문장에서도 몇 단어가 누락되어 있다. (앞으로도 이 누락된 부분들이 계속 등장하겠지만, 사실 빠진 부분을 고려해 정확히 직역한다는 것은 불가능하며, 원문과 대조해서 제시하지 않는 한 어느 부분이 어떻게 누락되었는지 설명하는 것도 불가능하다. 특히 서양어인 프랑스어와 달리 동양어인 한국어는 프랑스어와 언어 체계 자체가 완전히 달라서 이 누락을 영어로 제시할 때보다 훨씬 더 표현하기 힘들다. 독자들은 이 점을 감안하여 누락된 부분들을 독해해주었으면 좋겠다. -옮긴이)

59) 아마도 마키아벨리를 지칭하는 듯하다. -옮긴이

미주

60) Machiavel, *Le Prince*(《군주론》), 앞의 책, p. 94.

61) 누락으로 인해 이 문장의 주어가 무엇인지 정확히는 알 수 없다. 하지만 추측컨대 '이러한 누락'이 주어인 것 같으며, '이러한 누락'이라고만 옮겼으나 사실 누락된 부분에 '이러한 누락'을 수식하는 형용사가 더 존재할 수도 있다. ─옮긴이

62) Machiavel, *Discours*…(《로마사 논고》), p. 46, p. 155.

63) Machiavel, *Le Prince*(《군주론》), p. 68, p. 94.

64) 같은 책, p. 95-96; *Discours*…(《로마사 논고》), p. 46, p. 75.

65) 복사가 제대로 되지 않아 페이지 맨 위의 최소 한 줄이 빠져 있다.

66) *Cahiers de prison*(《옥중수고》), 3권, 13번째 수고, 20절, p. 395-396.

67) L. Althusser, "La Querelle de l'humanisme"(《인간주의 논쟁》), in *Écrits philosophiques et politiques*(《철학 · 정치 논술》), F. Matheron 편집, 2권, Paris, Stock/Imec, 1995, p. 519-520.

68) 마르크스를 '위험을 무릅'쓰고 '무시해'버릴 기회는 'faire' l'"impasse' sur Marx를 옮긴 것으로, 프랑스어에서 faire l'impasse sur는 '위험을 무릅쓰고 ~을 하지 않는다'는 의미이며 impasse는 '난관' '궁지' '막다른 골목' 등의 의미를 지니고 있다. 알튀세르가 faire와 impasse 각각에 따옴표를 친 이유는, 이러한 그람시의 시대착오적인 마르크스에 대한 '무시'가 결국 그를 impasse, 즉 난관에 봉착하도록 만들 것이라는 점을 표현하고 싶어서이다. ─옮긴이

69) 이는 알튀세르가 그람시를 조롱하기 위한 표현인데, un certain이라는 표현은 잘 모르는 누군가를 지칭할 때, 그러니까 예를 들어, "아침에 지나가다 '어떤 놈'이 내 옷에 커피를 쏟았어"라고 할 때의 '어떤 놈'을 지칭할 때 쓰는 표현이다. 알튀세르는, 그람시에게 마르크스가 잘 모르는 사람일 정도로, 그가 마르크스를 제대로 이해하지 못하고 있다고 조롱하는 것이다. ─옮긴이

70) 위에서 두 번 등장하는 '300년'은 명확한 오류이다. 마키아벨리와 그람시 사이에는 대략 400년의 시대 차이가 존재한다. ─옮긴이

71) 복사가 제대로 되지 않아 페이지 맨 위의 최소 한 줄이 빠져 있다.

72) 타자 원고 여백에 손으로 추가한 세 단어가 읽을 수 없게 쓰여 있다.

73) 이는 알튀세르의 농담이다. 알다시피 '다음과 같이 누구누구가 말하듯이'라는 표현은 인정받는 누군가의 말을 인용함으로써 자신의 주장을 정당화하는 방식인데, 알튀세르는 이 방식을 비틀어 여기에 '말할 수도 있었을' '누군가'라는, 결국 존재하지도 않는 이의 주장(그러니까 실은 알튀세르 자신의 주장)을 인용함으로써 자신의 주장을 익살맞게 정당화한다. -옮긴이

4장

1) "모두 '유로공산주의적'이라고 우리가 지칭했던 정당들은 …… 광범위한 인민 동맹의 기반 위에서, 다원주의에 대한 존중 속에서, 모델이라는 통념 전체를 거부하면서, 민주주의의 모든 영역에서 지속적 발전을 위해 투쟁함으로써 사회주의로 전진하기 위한 동일한 의지를 주장한다." (P. Laurent, "Graves propos de Louis Althusser"(《루이 알튀세르에 관한 중대한 발언》), 앞의 글, p. 1)

2) *Les Vaches noires*…(《검은 소》), 앞의 책, p. 148과 각주 3번을 보라.

3) 이러한 주장은 같은 책, p. 141 이하에서 전개된 바 있다.

4) "Résolution [du XXIIe Congrès du PCF-편집자]"(《프랑스 공산당 22차 당대회의 결의안》), Cahiers du communisme, 1976년 2-3월, p. 387. Althusser, *Les Vaches noires*…(《검은 소》), 앞의 책, p. 445를 보라; *XXIIe Congrès*(《22차 당대회》), 앞의 책, p. 19-20. "이 당대회는 …… 구체적 상황에 대한 구체적 분석이 아니라 사실은 모든 프랑스인들에게 프랑스 공산주의자들이 프랑스를 위해 어떤 사회를 원하는지를 설명해주는 선언문에 불과한 의결서를 채택했습니다.

5) 1976년 6월 3일, 베를링구에르와 마르셰는 파리에서 '유로공산주의'에 관한 대규모 회의를 개최한다. 이 둘은 1977년 4월 29일 로마에서 한 번 더 만난다.

6) S. Carrillo, *Eurocommunisme et État*(《유로공산주의와 국가》), J. Rillard 번역, Q. Cueto 감수, Paris, Flammarion, 1977. 스페인 공산당 서기장인 산티아고 카릴로Santiago Carrillo는 1977년 3월 2일 마드리드에서 마르셰와 베를링구에르를 만난다. "그 중요성이 더 이상 감추어질 수도 축소될 수도 없는 하나의 사건 ……"("Berlinguer, Carrillo à Madrid"(《마드리드의 베를링구에르와 카릴로》), *L'Humanité*, 1977년 3월 3일, p. 1).

7) 두 번째 이론에 대해서는 알튀세르가 집필하지 않았다. 그리고 사실 이는 알튀세르의 굉장히 재치 있고 익살스런 표현인데, 왜냐하면 알튀세르는 따옴표를 치지는 않을 것이라고 말하면서 '다른 이론들'이라는 단어를 볼드체로 표시해놓았기 때문이다. 알다시피 볼드체든 따옴표든 해당되는 단어와 거리를 두기 위한 언어적 장치이다. 알튀세르는 결국 이 이론들을 진정으로 이론이라 부를 수는 없을 것이라고 조롱하고 있는 것이다. -옮긴이

8) 이 책의 본문 166쪽 미주 34)를 보라.

9) 이 책의 본문 177쪽 미주 63)을 보라.

10) 텍스트는 [미완인 채로] 여기에서 끝난다. (또한 이 마지막 문장에는 구두점이 찍혀 있지 않다. -옮긴이)

무엇을 할 것인가?

알튀세르를 위하여, 알튀세르에 반하여
- 경제학 비판과 인식의 변증법

투쟁에 대한 긴급한 요구가 있다. 하지만 알다시피 때로는 멀찍이 물러나 결정적인 연구에 전념하는 것이 정치적으로 긴요한 것이다. 투쟁에서 면제된 이 시간은 결국 투쟁 자체 속에서 시간을 절약하는 데 기여할 수 있기 때문이다.
    – 루이 알튀세르, 〈마르크스주의의 전화와 한국 사회 성격 논쟁의 재출발〉(윤소영)에서 인용

경제학자와 정치철학자의 이념은 옳거나 틀리거나 통상적으로 이해되는 것보다 더 강력하다. 사실 세계를 지배하는 것은 바로 그런 이념이라고까지 할 수 있다.
    – 존 메이너드 케인스,《현대경제학 비판》(윤소영)에서 인용

경제학은 아직 갈릴레이를 단죄하던 '종교 재판'의 시대를 벗어나지 못했기 때문이지요. 이 때문에 내가 말하는 경제학은 실은 '경제학'이 아니라 '경제학 비판'으로 불린답니다.
    – 윤소영,《이윤율의 경제학과 신자유주의 비판》

1.

알튀세르 탄생 100주년을 맞아 개최되는 한국 알튀세르 심포지엄과 함께 출간되는 이 유고집 《무엇을 할 것인가?》는 알튀세르 연구자들 사이에서도 거의 알려지지 않았던, 그래서 거의 언급되지 않았던 미출간 유고집이다. 하지만 알튀세르가 1978년 집필한 뒤 자신의 서랍 속에 넣어두었던, 그리고 아마도 그의 조울증으로 인해 완성되지도 못했으며 출간될 기회도 갖지 못했던 이 미출간 유고집은 알튀세르 유고의 탁월한 편집자이자 영어 번역자인 고슈가리언과 현대출판기록물연구소[IMEC]의 협력 작업을 통해 2018년 9월 프랑스에서 최초로 출간되었다.

그 매혹적인 제목뿐만 아니라 사람들에게 거의 알려지지 않았던 유고집이라는 점에서 이 책은 알튀세르 연구자들뿐만 아니라 알튀세르에게 관심 있는 일반 독자들에게도 관심을 끌기에 충분하다. 하지만 이 번역본을 읽고 나면, 독자들은 알튀세르가 이 텍스트에서 상당히 시대착오적이고 교조적인 정통 마르크스주의적 주장을, 상당히 평면적이어서 받아들이기 힘든 그람시 비판을 전개하고 있다는 인상을 받을 수밖에 없을 것이다. 고슈가리언의 배려 덕분에 이 텍스트를 출간 이전에 읽고 번역할 수 있었던 필자 또한 이 책의 첫 한국 독자로서 상당한 당혹감을 느끼지 않을 수 없었다. 알튀세르의 다른 유고집 《역사에 관하여》*와 《검은 소》**의 독자이자 옮긴이로서, 필자는 《검은 소》의 정통 마르크스주의적인 경직된 성격과 《역사에 관하여》의 혼합적 성격(즉 《역사에 관하여》는 정통 마르크스주의적인 관점과, 심지어 비-마르크스주의적이라

---

* 루이 알튀세르, 《역사에 관하여》, 이찬선·배세진 옮김, 오월의봄, 근간.

** 루이 알튀세르, 《검은 소: 알튀세르의 상상 인터뷰》, 배세진 옮김, 생각의힘, 2018.

고도 말할 수 있을 우발성의 유물론 혹은 마주침의 유물론의 문제 설정이 혼재되어 있다)을 이미 잘 알고 있다. 그런데 이미 알튀세르의 이전 유고집들을 통해 단련이 되어 있음에도 이 《무엇을 할 것인가?》라는 유고집에서 필자가 당혹감을 느꼈던 이유는 알튀세르의 그람시 비판이 상당히 평면적이라고, (뉘앙스를 전달하기 위해 굳이 외래어를 사용하자면) '나이브'하다고 느꼈기 때문이다.

하지만 한 줄 한 줄 번역을 해나가면서, 한 단어 한 단어 알튀세르의 말을 되새김질하면서(이 '되새김질'***이라는 표현은 〈레닌과 철학〉이라는 텍스트에서 알튀세르가 활용했던 통념이다), 필자의 이러한 인상이 (다른 모든 알튀세르의 텍스트들이 지니고 있는 그 신비한 생명력이 보여주듯) 사실은 매우 그릇된 것이라는 점을 깨닫게 되었다. 물론 이론적인 관점에서뿐만 아니라 (프랑스 현대철학계의 지성으로서, 알튀세르의 제자이자 동료로서 에티엔 발리바르가 차지하고 있는 위치와 자신의 개인적 기억으로 인해) 지성사적 관점에서도 알튀세르와 그람시 사이의 관계를 검토하는 최고의 문헌이라고 할 수 있는, 그리고 최근에 웹진 〈인무브〉에 알튀세르 연구자 서관모의 번역으로 공개된 〈알튀세르와 그람시: 에티엔 발리바르와의 대담〉에 준거해 필자의 이러한 깨달음이 알튀세르주의자의 편향된 '망상'이라고 비판할 수도 있을 것이다.****

하지만 《무엇을 할 것인가?》에 대한 옮긴이의 해제가 따로 필요 없을 정도로 너무나도 정확하게 알튀세르와 그람시 사이의 관계를 (이론적으로, 그리고 동시에 자신의 위치와 개인적 기억을 통해 지성

*** 루이 알튀세르, 〈레닌과 철학〉, 진태원 옮김, 박노자 외, 《레닌과 미래의 혁명》, 그린비, 2008의 '되새김질', 즉 rumination에 관한 옮긴이 주 참조.

**** 파비오 프로시니·비토리오 모르피노 인터뷰, 〈알튀세르와 그람시: 에티엔 발리바르와의 대담〉(1, 2), 서관모 옮김, 웹진 〈인무브〉 참조.

옮긴이 해제

사적으로도) 해명할 뿐만 아니라 자신만의 관점에서 알튀세르와 그람시에 대한 입장을 도출하고 있는 발리바르의 이 대담을 조금은 삐딱하게 살펴봄으로써, 필자의 깨달음을 조금은 궁색하게 옹호해보고자 한다.

2.

물론 표면적으로 독해하면 발리바르의 이 대담은 알튀세르와 그람시를 비교하면서 결국 '개혁'과 '혁명'을 알튀세르와 같이 대립적인 것으로 사고하지 않았던 그람시가 옳았다는 점을 주장하는 대담인 것처럼 보인다(그렇기 때문에 서관모처럼 여기에서 réforme, 즉 '개량'을 '개혁'으로 옮기는 것은 적절하다). 그렇다면 이《무엇을 할 것인가?》라는 유고집은 알튀세르의 오류를 다시 한 번 확인시켜주는, 알튀세르에 관한 아카데믹한 연구를 진행하는 필자 같은 알튀세르 연구자들에게나 도움이 되는, 전혀 현재성 없는 텍스트일 뿐일 것이다. 알튀세르 연구자 최원이《대중들의 공포》옮긴이 해제를 통해 제기한 바 있던 '국가 바깥의 공산당' '국가 바깥의 대중', 그러니까 이데올로기 바깥에서 진실을 담지하고 있는 공산당 또는 대중이라는 알튀세르의 이론적 무정부주의의 관점*을 1978년 비판했던 발리바르는 이를 그람시와 연결지음으로써 개혁/개량과 혁명 사이의 이분법에 대한 비판으로 연장해 다음과 같이 말한다.

---

* 에티엔 발리바르, 《대중들의 공포》, 서관모 · 최원 옮김, 도서출판b, 2007의 옮긴이 해제 참조. 이 해제는 알튀세르와 발리바르를 이해하기 위해 반드시 읽어야 하는 매우 중요한 텍스트이다. 이와 함께 발리바르의 텍스트인〈국가, 당, 이행État, parti, transition〉을 독해할 필요가 있으나, 아쉽게도 이 텍스트는 영어나 한국어로 번역된 바 없다. 이 텍스트의 불어 원본은 웹진 Périodes에서 쉽게 검색해 읽을 수 있다.

그람시야말로 개혁과 혁명 간의 구별을 전화시키려 노력한 사람이 아닌가요? 이 시대의 우리의 이데올로기 속에서는, 당신이 개혁 쪽으로 한 걸음 나아간 순간 당신은 혁명을 포기한 것이 됩니다. 저는 점점 더 문제를 이렇게 제기해서는 절대 안 된다고 믿게 되었습니다. 이는 제가 개혁주의를 어떻게 이해할 것인가 하는 질문에 대해 민감하지 않다는 말이 아닙니다. 저는 우리에게 제시되어 있는 것 그대로의 개혁주의적 프로그램들이 명백히 전혀 개혁주의적이지 않다고, 그것들은 전혀 개혁을 하지 않는다고 생각하는 경향이 조금 있습니다. 저는 보링기에리Boringhieri가 편집, 출간한 시민권citoyenneté에 대한 저의 작은 책의 말미에 조그만 아말감 하나를 제시했습니다. 거기에서 저는 영속혁명이라는 마르크스의 관념 또는 부단혁명不斷革命이라는 마오의 관념을 다시 취해야 하며, 그것을 분명 공산주의 전통 전체가 치명적으로 비난한, "최종 목표는 아무것도 아니며 운동이 모든 것이다"라는 베른슈타인의 유명한 말과 혼합해야 한다고 말했습니다. 이 양자를 종합할 경우, 제가 보기에 그람시의 관심사들에 완전히 낯설지는 않은 어떤 것을 얻게 됩니다. 문제는 현실적 '운동'이란 무엇인가 하는 것이며, 결국, 개혁주의적 목표들이란 무엇인가 하는 것입니다. 개혁주의적 목표들이 어렵다고 해서 곧장 그것들을 포기하지 않으면서 이 개혁주의적 목표들을 진정으로 견지하는 도덕적, 정치적, 지적 등등의 세력들, 체계를 곤경에 처하게 하는, 즉 체계로 하여금 스스로 전화하고자 하는 방향으로 전화하지는 못하도록 방어하는 그런 도덕적, 정치적, 지적 등등의 세력들이 정말로 존재한다고 가정할 때 말입니다. 저는 1960년대에 이탈리아와 프랑스에서 구조 개혁이라는 관념이 존재했던 것을 기억합니다."

** 〈알튀세르와 그람시: 에티엔 발리바르와의 대담〉, 서관모 옮김, 웹진 인무브, 웹에서 가져온 번역의 경우 페이지 표시는 생략했으며, 표현을 조금 고친 부분이 있더라도 앞으로 일일이 언급하지는 않겠다.

대담자인 파비오 프로시니Fabio Frosini에 따르면, 그람시의 '개혁'과 '혁명' 사이의 양자택일을 넘어서려는 시도의 핵심은 다음과 같다.

> 저는 헤게모니에 대한 그람시의 전체 기획은 혁명으로부터 개혁으로 넘어가려는 시도가 아니라 이 혁명과 개혁의 양자택일이, 즉 혁명과 개혁을 대립시키는 것이 잘못된 것임을 입증하려는 시도라고 믿습니다. 이 모든 것이 혁명으로부터 개혁으로 이행하는 것으로 읽혀왔습니다. 그러나 그람시의 시도는 항상 혁명을 현세계의 용어들 속으로 번역하고자 하는 것이었는데, 이는 그가 자본주의를 '반동'으로 보기를 거부했기 때문입니다. 자본주의는 '혁명', 지속적인 혁명 운동입니다. 우리는 이 두 전선[혁명과 개혁-서관모]을 '혁명' 대 '반동'으로 대립시킬 수 없습니다. 실은 이 둘은 현존 상태의 혁명화 기획의 대안적인 형태들입니다. 그리고 결국, 오늘날 개혁주의자를 자처하는 이들이 거기서 그러한 개혁들을 수행하고 있습니다.*

하지만 발리바르의 주장을 조금 더 세밀하게 살펴봐야 한다. 다음의 구절에 주목하자.

> 알튀세르의 특유한 성향이 있는데, 제 생각에 그것은 전혀 그람시적이지 않고 얼마간 프로이트에게, 브레히트에게, 이런 유의 상이한 원천들에 힘입은 것이었으며, 그리고 근본적으로 자신에게 고유한 것이었습니다. 그 특유함은 장소와 적용 지점을 변경함으로써 어떻게 세력 관계를 전화시킬 수 있는가 하는 질문을 항상 제기하는 데에 있습니다. 당이 국가 밖에 있다는 것은 더 역동적인 어떤 것을 말하는 것입니다. **그것은 국가는 부르주아지의 권력이기 때문에 본성상 노동자계급의 당은 국가에 속하지 않는다는 것을 말하는 것**

---

* 같은 글.

이 아닙니다. 그것은, 극한적으로, 다음과 같이 말하는 것일 수 있습니다. 노동 자계급의 당이 항상 국가 장치의 한 부분이라면, 국가 밖에 존재하기 위해 당은 어떻게 할 수 있는가? 고전적인 전통적 답변은 '당은 공장에 있어야 한다'는 것입니다. 바로 이때, 노동자주의자들^{opéraïstes}[오페라이 스모]이 기다렸다는 듯이 이렇게 말할 겁니다. "흠! 공장에도 국 가가 있어. 이 점에서 착각해서는 안 되지!" 이것은 조금 절망스 러운 일인데, 왜냐하면 국가 안에 있지 않을 수 있는 곳이 남아 있지 않기 때문입니다. 우리가 보듯이, 오늘날 이런 일은 동시대 인들 가운데에서 흔히 일어납니다. 왜냐하면 [2011년 1월 대규모 시위가 일어난-서관모] 타흐리르 광장과 [2011년 9~11월의-서 관모] 월스트리트 점령을 보면, 그것들은 기본적으로 동일한 것 을 말한다는 것을 알 수 있기 때문입니다. 사람들은 자신들이 진 정으로 국가 밖에 있다는 것을 보지만, 그들이 정치 안에 있는지 는 확실치 않습니다. 바로 이것이 문제입니다! 갈등은 제도 없이 는 존재하지 않는다는 사실과 제도들은 갈등들을 중화시키기 위 해 만들어졌다는 사실을 고려하면, 갈등 안에 있는 것은 국가 안 에 있는 것이고, 갈등의 이해 당사자가 되는 것은 제도 안에 있는 것입니다."

이 구절에서 발리바르가 말하고자 하는 바는, 알튀세르의 '국가 바깥의 당'에 관한 테제들이, 필연적으로 국가와 제도 안에 존재 할 수밖에 없는 당은 '도대체 무엇을 해야 하는가'를 질문하기 위 한, 알튀세르 사유의 특성 중 하나인 '극한적으로 사고하기'의 하 나의 예라는 것이다(물론 위의 번역에서 '극한적으로'로 옮긴 à la limite는 프랑스어에서 매우 자주 사용되는 용어로, 한국어로는 '극단적으로' 혹은 '극한적 으로' 정도로밖에 옮기기 힘들지만, 사실 '극한적으로 사고하기'의 뉘앙스가 담겨 있지는 않은 표현이다). 물론 그렇다고 해서 알튀세르의 이론적 무정부

** 같은 글, 강조는 필자.

주의에 대한 발리바르의 비판, 발리바르 자신의 '인식론적 단절'
(최원은 이를 발리바르의 '인식론적 절단'으로 표현하지만,《마르크스의 철학》
1장에서 '절단'을 前과학적 이데올로기로부터의 분리를 통한 어떠한 과학의
구성으로, '단절'을 이 과학을 공격해 전과학적 이데올로기로 되돌리려는 시도
들에 대한 비판으로 개념화한 발리바르를 따르자면, 이를 발리바르의 '인식론
적 단절'로 보는 것이 더 적절할 것 같다*), 개혁과 혁명 사이의 양자택일
에 대한 거부 등이 이론적 의미가 없다거나 알튀세르가 현재 발
리바르의 입장과 사실은 동일한 입장을 취하고 있었다고 말하고
자 하는 것은 아니다(이 유고집을 통해 확인할 수 있듯 발리바르와 알튀세
르 사이에는 명확한 입장 차이가 존재한다). 하지만 발리바르가 알튀세
르와 그람시를 비교하는 방식은 '개혁'과 '혁명' 사이의 양자택일
에 대한 비판에서와 마찬가지로 '알튀세르'와 '그람시' 사이의 양
자택일을 우리에게 강요하지는 않는다. 그러므로 이 대담의 매우
중요한 시작 부분을 다시 읽어볼 필요가 있다. "그람시를 '절대적
으로 독창적이고 때로는 심지어 천재적인 관념들idées'을 제출함
으로써 상부구조의 특수성을 이해하기 위한 작업을 진척시킨 유일
한 마르크스주의 이론가로 규정하는 1962년의 〈모순과 과잉결정〉
과,《'자본'을 읽자》에 [제2부 제5장으로—서관모] 수록된 〈마르크
스주의는 역사주의가 아니다〉[1965년—서관모] 사이의 관계"에
관한 비토리오 모르피노Vittorio Morfino의 질문에 대해 발리바르는
다음과 같이 답변한다.

제 생각으로는 양자 사이에는 중요한 중간 지점이 있습니다. 〈유

---

* 　최원, 〈발리바르: 하나의 절단 및 그 결과들〉,《시와 반시》2017년 봄호; 에티엔 발리바
　르, 〈스피노자-맑스주의를 위한 열한 가지 테제들〉, 배세진 옮김,《문화과학》, 2017년
　겨울호 참조.

물론적 변증법에 대하여〉[1963년 8월 – 서관모]라는 변증법에 대한 알튀세르의 두 번째 텍스트가 그것입니다. 거기서 그가 발전시킨 관념들은 그가 이미 말해온 것의 발전으로서, 동시에 주로 프랑스 공산당 내부에서 그에게 가해진 비판에 대한 응답으로서 창안된 것입니다. 이 텍스트의 내부에서 놀라운 점은, 거기에는 알튀세르가 지배 관계를 갖도록 구조화된 총체^{la totalité structurée à dominante}라는 관념을 구성하는 데에 사용한, 마르크스의 1857년의 《정치경제학 비판 요강^{Grundrisse}》〈서설〉에서 차용한 논의들이 있는 것에 더하여, 마오쩌둥으로부터의 대량의 차용이 있다는 점입니다. 이는 우리로 하여금, 〈모순과 과잉결정〉의 한 주석에서 그람시를 자신의 기획에 선행한 유일한 인물로 상찬했던 알튀세르가 왜 그 후에 그람시를 마오로 대체하고 마오로부터 대량으로 [지적 자원들을] 차용하기에 이르렀는지를 질문함으로써 질문을 복잡화할 수 있게 하고, 동시에, 아마도, 질문을 유일하게 가능한 것은 아닌 한 방향으로 정위^{定位}시킬 수 있게 해줍니다. 저는 이 질문이 점점 더 흥미 있는 것임을 알게 되었습니다. 저는 이 질문이 이론적 차원들과 또한 정치적 차원들을 지니고 있다고 생각합니다. 이 점에 대한 내 가설은, 이 사태 전체에 대한 두 명의 역사적 증인, 즉 한편 로사나 로산다^{Rossana Rossanda}(1924~)와 다른 한편 뤼시앵 세브^{Lucien Sève}(1926~)와 최근에 행한 대담에서 확증되었습니다."

여기에서 발리바르의 논의 전체를 따라갈 수는 없지만, 발리바르는 '계급 대 계급' 도식을 취하는 게오르그 루카치와 그 계승자 마리오 트론티를 한 쌍으로 설정하고, "서로 총체적으로 대결하는 두 개의 계급의식의 대립으로 환원될 수 없는 사회학적이고 심지어 인류학적인[인간학적인] 복잡성"을 설정하는 알튀세르와 그

** 같은 글.

람시를 이 쌍에 대립하는 또 다른 한 쌍으로 설정한다. 하지만 위의 인용문에서 발리바르가 지적하듯, 바로 이러한 구도 속에서 알튀세르는 마오를 "일종의 해독제로 이용"함으로써 그람시에게서도 멀어진다. 그렇지만 알튀세르와 마오 사이의 관계는 굉장히 복잡하게 꼬여 있다. 〈유물론적 변증법에 대하여〉를 이해하기 위해서는 이 관계를 해명해야 하는데, (이 〈유물론적 변증법에 대하여〉가 포함되어 있는 저서)《마르크스를 위하여》는, 그리고 특히 알튀세르와 그람시 사이의 연결고리인 〈유물론적 변증법에 대하여〉는 발리바르에 따르면 다음과 같은 정치적(이고 정세적)인 의미를 지닌다.

> 《마르크스를 위하여》가 흐루시초프의 탈스탈린화에 반대하여 쓰인 책이라는 것은 절대적으로 분명합니다. 그때 우리가 이를 의식하지 못했다는 것은 아닙니다. 사태의 의미는 이렇습니다. 즉, 스탈린주의를 비판해야 하지만 흐루시초프 일파와 톨리아티를 포함한 전 세계의 공산주의 이데올로그들이 한 것처럼 해서는 안 된다는 것입니다. 왜냐하면, 한편 그것은 이론적 수정주의에, 마르크스주의의 토대들의 청산에 이르기 때문이고, 이어 다른 한편, 정치적으로, 알튀세르가 부르주아 이데올로기의 핵심으로 식별한 것, 즉 '경제주의 더하기 인간주의'에 이르기 때문입니다. …… 따라서 그의 모든 기획은 反흐루시초프적이었으며, 우리는 이것을 무엇보다도 하나의 철학적 질문으로 이해하는 경향이 있었는데, 그러나 우리보다 좀 더 나이 든 이들이나 좀 덜 나이브한 사람들은, 당내에서나 당 주위에서나, 이것을 **정치적 사안**으로 보고 있었다고 저는 확신합니다. 이 모든 점을 고려하면, 1963년의 텍스트 〈유물론적 변증법에 대하여〉를 일종의 증상, 하나의 이정표로 볼 수 있습니다.*

---

* 　같은 글, 강조는 원문.

알튀세르는 스탈린주의를, 더욱 정확히 말해 변증법적 유물론을 비판해야 하지만 그것이 탈스탈린화, 즉 변증법적 유물론을 기각하는 방향으로 나아가서는 안 된다고 주장한다. 왜냐하면 바로 변증법적 유물론이야말로 마르크스주의의 과학성을 보증해주기 때문이다(이 점에서 알튀세르는 철저한 스탈린주의자이다). 바로 그렇기 때문에 알튀세르는 변증법적 유물론을 구하기 위해 이를 '유물론적 변증법', 즉 '유물변증법'으로 '전도'했다. 그리고 여기에서 마오가, 특히 (발리바르에 따르면 다른 모든 텍스트들은 알튀세르의 관심을 전혀 끌지 못했으므로 그의 관심을 끌었던 유일한 텍스트인) '모순론'의 마오가 알튀세르로 하여금 이러한 '전도'를 가능케 한 인물로 등장한다. 발리바르는 이를 다음과 같이 정리한다.

> 한편, 문제는 스탈린이 아니라는 관념, 다른 한편, 문제는 변증법적 유물론이라는 관념이 그것입니다. 그런데 점점 더 저는, 알튀세르는 부단히 변증법적 유물론의 필요성, 그리고 변증법적 유물론과 역사적 유물론 간의 구별, 당연히 절합articulation을 의미하는 그 구별의 필요성을 믿었다는 점에서 깊이 스탈린적이었다고 생각합니다. 어떤 점에서, 알튀세르는 이론주의적 시기에 또 다른 방식으로 변증법적 유물론을 역사적 유물론과 절합하고자 했습니다. 말하자면, 새로운 변증법적 유물론을 또 다른 방식으로 역사적 유물론과 절합하고자 한 것, 즉 역사와 정치를 절합하고자 한 것입니다. 그리하여 그는 그가 그람시의 역사주의라 부른 것에 대해 깊은 반감을 갖게 되었습니다. 왜냐하면 그람시의 역사주의는 사실상 변증법적 유물론의 부정일 뿐인 것만이 아니라, 심지어 이는 사람들이 흔히들 말하듯 변증법적 유물론이라는 것이 마르크스주의를 기계론, 형이상학 속에 감금하는, 그리하여 정치를 사고하는 것을 영원히 방해하는 교의 체계에 불과하다는

관념을 수미일관하게 개진한 것이기도 하기 때문입니다. 이제, 알 튀세르가 결국 스탈린주의에서 벗어났는가 하는 질문이 제기됩 니다. 사태를 그럭저럭 파악하건대, 3자 관계 또는 심지어 4자 관 계가 있습니다. 왜냐하면 루카치가 있고(물론 루카치와 관련하 여 중요한 것은 변증법적 유물론이 아니라 '계급 대 계급' 전략입 니다), 스탈린이 있으며(알튀세르는 그에게 매우 감탄했습니다), 마오가 있고, 그람시가 있기 때문입니다. 알튀세르에게 마오는, 최소한 일시적으로는, 역사주의를 피할 수 있고 변증법적 유물론 을 재구성할 수 있다고 생각하게 해준 인물이있습니다. 알튀세 르에게 변증법적 유물론은, 마르크스주의가 단순히 하나의 경험, 하나의 역사인 것이 아니라 하나의 이론이라는 사실을, 사람들이 원하든 원치 않든 간에, 보증해주는 것이었습니다. 따라서 본래 적 의미의 스탈린주의에서 벗어나되 스탈린의 어떤 것을 구해내 야 하는 것이었습니다. 그런데 알튀세르가 스탈린주의에서 벗어 났나요? 저는 그가 우발성의 유물론을 중심으로 구성되는 배열 constellation을 통해 스탈린주의에서 벗어났다고, 이 배열은 다시 금 그람시와의 대결이었으며, 이 배열은 하나의 독특한 담론을, 즉 한편으로 철학적 토대의 담론이라거나 다른 한편으로 역사에 대한 과학의 적용의 담론인 것이 아니라, 말하자면 항상 이미 정 치적이면서도 여전히 철학적인 독특한 담론을 유지하는 하나의 방식이었다고 말하고 싶습니다. 이것은 확실히 그람시의 담론과 동일한 것이 아닙니다. 이렇게 말함으로써 저는 제가 잘 이해하 지 못하는 것의 경계 위에 있게 됩니다. 왜냐하면 제가 사람들이 오늘날 우발성의 유물론에 관한 알튀세르의 텍스트들을 읽는 방 식을 볼 때, 저는 이 텍스트들이 어떤 것을 확실히 철학적, 반反신 학적 토대로서 구성하고 있는 것이 아닌가 자문하기 때문입니다. [반면] 변증법적 유물론은 매우 신학적입니다.*

---

*   같은 글.

발리바르는 알튀세르가 철학적이고 반신학적인 토대를 취하고 있는 우발성의 유물론을 통해 스탈린주의, 즉 변증법적 유물론에서 벗어났다고 주장한다. 이는 과천연구실의 집단 저작 《알튀세르의 철학적 유산》이 적절히 추적하고 있듯, 알튀세르의 철학적 궤도를 검토해본다면 충분히 동의할 수 있는 지점이다.[**]

《마르크스를 위하여》에서 개시했으며 《'자본'을 읽자》에서 정점에 달한 알튀세르의 유물변증법의 기획은 우발성의 유물론이라는 기획으로 점점 더 대체된다. 그리고 이 두 기획 사이의 혼종성을 잘 보여주는 저작이 유고집 《역사에 관하여》라면, 《검은 소》와 마찬가지로 본서 《무엇을 할 것인가?》는 유물변증법 기획의 계열에 놓여 있는 텍스트라고 말할 수 있다. 하지만 필자는 여기에서 '알튀세르를 위하여, 알튀세르에 반하여' 시대착오적으로, 그러니까 비동시대적으로 유물변증법을, (역사의 변증법과 인식의 변증법의 결합인 유물변증법에서도 특히) 인식의 변증법을, 경제학 비판을 다시 한 번 논의의 지형에 올려놓기 위해 '발리바르를 위하여, 발리바르에 반하여' 《무엇을 할 것인가?》의 현재성을 다음과 같이 강조하고자 한다.

[**] 특히 박상현이 집필한 〈알튀세르의 철학적 궤도〉를 참조. 과천연구실 엮음, 《알튀세르의 철학적 유산》, 공감, 2008. 하지만 과천연구실은 (필자는 비생산적인 방식이라고 생각하는데) 1980년 이전의 알튀세르만을, 그것도 유고집이 보여주듯 1980년 이후와 동일하게 우발성의 유물론에 지배되어 있는 1980년 이전의 알튀세르에게서 우발성의 유물론을 제거한 채로 알튀세르를 이해하려 시도한다. 과천연구실의 알튀세르 해석의 약점은 우발성의 유물론의 철학적이고 이론적인 의미를 깊이 있게 사고하지 않는다는 점인 것 같다. 그렇기 때문에 이 저서의 알튀세르 해석이 특정한 입장에서 도출된 것임을 잘 이해한 상태로 독해해야 한다. 하지만 그럼에도 이 저서가 매우 탁월한 알튀세르 입문서 겸 연구서라는 점은 부인할 수 없다.

3.

하지만 한 가지 지점을 언급하고 넘어가야 한다. 알튀세르 연구자 윤소영이 알튀세르의 기획을 경제학 비판과 이데올로기 비판의 절합으로서 일반화된 마르크스주의*로 제시하듯, 본서《무엇을 할 것인가?》또한 경제학 비판의 기획과 이데올로기 비판의 기획 둘 모두에 의해 관통된다. 레닌의 '구체적 상황에 대한 구체적 분석'에 대한 정확한 이해를 위해 알튀세드가 선쇄하는 그람시의 역사주의에 대한 비판이 경제학 비판과 밀접한 관계를 맺고 있다면, 그람시의 대항마로서 알튀세르가 제시하는 마키아벨리에 대한 알튀세르의 독해는 (프로이트, 라캉 그리고 스피노자와 마찬가지로) 비-마르크스적인 사상적 자원을 흡수함으로써 마르크스주의 이데올로기론을 쇄신하고 발전시키기 위한 시도라고 볼 수 있다. 게다가 마키아벨리적 이데올로기론은 본문에 단 한 번 등장하는 '토픽topique'(장소론)이라는 개념과 관련해, 그리고 지나가듯 등장하는 푸코의 '이데올로기론'과 관련해, 다른 유고집들에서 등장하는 알튀세르의 우발성의 유물론 혹은 마주침의 유물론을, 그러니까 과잉결정과 동시에 과소결정을 이해하기 위한 핵심적인

---

*   물론 알튀세르의 기획을, 그리고 그 뒤를 이어 알튀세르의 기획을 발전시키는 발리바르의 기획을 마르크스주의의 일반화로 정의할 수 있을지에는 상당히 회의적이다. 최원이 지적했던 1978년의 인식론적 절단(혹은 단절) 이후의 발리바르는 말할 것도 없고, 특히 우발성의 유물론 혹은 마주침의 유물론에 관한 알튀세르의 유고들이 대거 공개된 이후에 알튀세르의 사상을 더 이상 이러한 도식적 관점으로 해석하는 것이 불가능해졌다는 것이 필자의 판단이다. 하지만 그럼에도 마르크스주의의 일반화라는 도식은 휴리스틱 heuristique한 관점에서도, 또한 알튀세르와 발리바르의 작업의 한 측면을 이해하는 데에서도, 특히 우리가 바로 뒤에서 다룰 경제학 비판의 기획을 이해하기 위해서도 매우 중요한 도식이라고 생각한다. 윤소영의 저서《일반화된 마르크스주의 개론》, 공감, 2006과 《마르크스의 '자본'》, 공감, 2008, 그리고 윤소영 외《일반화된 마르크스주의 세미나》, 공감, 2014를 참조.

준거이다.[**]

이것이 그람시의 역사주의에 대한 알튀세르의 비판과 어떤 관계를 맺고 있는지, 또한 마키아벨리가 알튀세르의 이데올로기론에서 어떤 역할을 수행하고 있는지를 해명하는 문제는 여전히 탐구가 체계적으로 행해지지는 않은 영역으로 남아 있다.[***]

하지만 아쉽게도 이 중요한 지점에 대해서는 필자가 여기에서 다루지 못하고, 대신 그람시의 역사주의에 대한 비판, 즉 경제학 비판과 인식의 변증법이라는 지점만을 '알튀세르를 위하여, 알튀세르에 반하여' 다루고자 한다는 점을 언급하고자 한다.

알튀세르 연구자 윤종희는《알튀세르의 철학적 유산》에 실은《'자본'을 읽자》해설에서《'자본'을 읽자》의 기획 전체의 목적이 결국은《자본》의 대상과 방법을 해명하는 것이라고 주장한다.[****]

그런데 윤종희에 따르면 이는 '역사'의 변증법과 '방법'의 변

[**] 알튀세르와 푸코 사이의 관계에 대해서는 다음의 논문 외에 국내에서 거의 다루어지지 못했다. 진태원,〈마르크스와 알튀세르 사이의 푸코〉,《철학사상》, 2018년 5월 참조.

[***] 이와 관련해서는, 에마뉘엘 테레,〈하나의 마주침: 알튀세르와 마키아벨리〉, 진태원 옮김, 진태원 엮음,《알튀세르 효과》, 그린비, 2011과 최원,《라캉 또는 알튀세르》, 난장, 2016의〈결론: 해방과 시민 공존〉을 참조. 또한 과잉결정-과소결정 쌍과 관련해서는 진태원,〈루이 알튀세르와 68: 혁명의 과소결정?〉,《서강인문논총》, 2018년 8월 참조. 본서의 3장은 알튀세르와 푸코 사이의 이론적 관계를 해명하는 데 앞으로 좋은 준거점이 될 것이라 생각한다.

[****]《'자본'을 읽자》의 국역본은 진태원, 안준범, 김은주의 번역으로 그린비에서 조만간 출간될 예정이다. 필자가 윤종희의 텍스트에 의존하는 가장 큰 이유는 물론《'자본'을 읽자》가 아직 국역되지 않았다는 점 때문이지만, 프랑스어를 읽는 이에게도《'자본'을 읽자》는《마르크스를 위하여》보다 훨씬 더 독해하기 까다로운데 그런 점에서 윤종희의 이 텍스트가 큰 도움을 주었기 때문이다. 물론 윤종희의 텍스트는 피에르 마슈레, 로제 에스타블레, 자크 랑시에르의 텍스트는 제외하고 알튀세르와 발리바르의 텍스트만을 대상으로 하는 한계가 있지만(최근 영어권에서도《'자본'을 읽자》의 완역본이 출간되었다), 그럼에도 독자들 또한《'자본'을 읽자》가 국역되기 전까지는 이 텍스트의 도움을 받을 수 있으리라고 본다.

옮긴이 해제

증법을 통합함으로써 인식 과정의 변증법의 구조를 일반화하려는 알튀세르의 기획이라는 맥락에 존재하는 목적이다. 물론 알튀세르는 이러한 기획을 포기하게 되는데, 알튀세르의 사상적 궤적을 조망하는 데에 큰 도움을 주는《알튀세르의 철학적 유산》전체를 매우 꼼꼼히 독해해보면, 우리는 알튀세르가 이 '역사'의 변증법에 '방법'의 변증법을 흡수시킴으로써, 그리고 우발성의 유물론 혹은 마주침의 유물론을 통해 결국에는 이 역사의 변증법 자체마저도 무화시킴으로써 이러한 기획을 포기하게 된다는 점을 확인할 수 있다. 그렇기 때문에 필자는 이 해제에서 유물변증법에 대해 다시 한 번 사고하는 것이, 이 유물변증법 자체가 알튀세르의 '스탈린주의'의 산물로서 변증법적 유물론의 전도의 결과라는 점에서, '알튀세르를 위한' 것이면서도 동시에 '알튀세르에 반하는' 것이라고 주장하는 것이다.*

　　윤종희에 따르면 알튀세르의 인식론적 기획의 핵심은 현실 과정과 사고 과정, 현실 대상과 사고 대상을 구분하는 것이다(그런데 놀랍게도 이러한 구분은 사실 마르크스의 1845년 〈포이어바흐에 관한 테제〉로 거슬러 올라간다). 반면 알튀세르는 현실 대상과 사고 대상을 구별하지 않고 "현실 대상의 직접적인 독해로부터 지식을 획득할 수 있다는 모든 인식론"을 '경험주의'로 규정한다. 그러나 전통 철학에서 '경험주의'라는 조류가 (이와 전혀 무관하지는 않지만) 조금은 다른 의미로 존재하고 있기 때문에, 윤종희는 이를 '관념론적 인식론'으로 정확히 명명한다.**

　　알튀세르는 이 관념론적 인식론이 마르크스주의 철학과 과

---

* 　《알튀세르의 철학적 유산》, 공감, 2008, 68~69쪽.

** 　같은 책, 69쪽.

학에 끼친 영향 중 가장 위험한 형태가 바로 그람시의 (절대적) 역사주의라고 주장하며 이를 비판하는데, 이는 그람시의 역사주의에서는 "현재에 대한 경험이 과학적 인식을 대체하기 때문에 역사과학의 독자성이 부정"되기 때문이다. 대신 그람시는 "마르크스주의가 세계관 또는 이데올로기로서 실천적·역사적 역할을 수행해야 한다는 점을 강조"하고, 자신의 관점에서 "마르크스주의는 지식인과 대중에게 역사의 진행 과정에 관한 일반적 관점과 실천의 규칙을 제공함으로써 인간의 생활에 깊숙이 침투할 수 있는 이론 구성체"라고 주장한다. 바로 여기에서 그람시의 '실천철학'이 유래하는데, 그 핵심은 철학이 "대중의 실천"에서 완성되며 그렇기 때문에 철학과 정치가 동일하다는 것이다.***

하지만 알튀세르는 관념론적 인식론에서 도출되는 그람시의 역사주의와 실천철학을 비판하는데, 그 이유는 위에서 이미 지적했듯 알튀세르가 사고 과정과 현실 과정, 사고 대상과 현실 대상을 엄격하게 구분하기 때문이다.

> 알튀세르는 현실 과정과 사고 과정을 구별하면서 개념의 순서와 현실의 순서를 근본적으로 구별해야 한다고 주장한다.《자본》에서 개념들이 전개되는 순서는 마르크스의 과학적 증명의 순서이기 때문에 역사에서 어떤 특정한 현실이 출현하는 순서와 직접적인 1대1 관계를 갖지 않는다. 즉《자본》1권에서 3권으로 개념이 전개되는 과정은 현실 과정과 무관하게 전적으로 사고 과정 속에서 이루어지는 것이다. **이 과정은 사고의 추상에서 현실의 구체로 이행하는 과정이 아니라 사고의 추상에서 사고의 구체로 이행하는 과정이다.****

*** 같은 책, 71~72쪽.

**** 같은 책, 71쪽, 강조는 필자.

필자가 강조 표시를 한 문장이 지적하는 대로, 중요한 것은 마르크스의 변증법적 방법, 즉 추상에서 구체로의 이행 혹은 상승이 전적으로 사고 과정 안에서 이루어진다는 점이다. 왜냐하면 알튀세르가 해석한 바에 따르면 마르크스는 이미 《자본》에서 사고 과정과 현실 과정을 엄격하게 구분하기 때문이다. 그렇다면 유물변증법이 해결해야 할 문제는 지식이 인식 활동을 통해 어떻게 현실 과정을 전유(혹은 영유)하는가, 즉 '인식 효과'의 문제이다. 알튀세르는 그 해답을 '이론적 실천'에서 발견했는데, 알튀세르에 따르면 이 이론적 실천이란 인식이 표상에 대한 비판을 통해 세계를 영유하는 실천을 뜻한다. 윤종희의 설명을 따르자면,

> 지식이 어떤 메커니즘에 의해 현실 대상을 영유하는가라는 문제는 지식 생산의 조건이라는 문제와도 다르다. 지식 생산의 조건은 이론적 실천의 역사에 관한 이론으로부터 도출되는 것이다. 이 이론은 과학적 지식이 어떻게 출현하고 발전하는가를 알려주지만, 인식 효과의 메커니즘에 대해서는 알려주지 않는다. 인식은 단순히 세계에 관한 표상을 통해서가 아니라 표상에 대한 비판을 통해서 세계를 영유한다. 그러므로 인식 효과는 《마르크스를 위하여》에서 제시한 일반성 I, II, III의 **변증법**을 통해 생산된다. 그리고 그것은 과학적 담론에서 개념들이 전개되는 순서, 즉 개념들의 출현과 변형의 규칙적인 순서를 규정하는 메커니즘 속에 존재한다.[*]

마르크스는 고전파 정치경제학에 대한 비판을 통해 자신만의 이론적 실천을 수행했고, 이를 통해 자신만의 대상, 즉 '자본주의적 생산양식'이라는 대상을 발견했다(지나가는 김에 지적하면, 마르크스와

---

[*]   같은 책, 74쪽, 강조는 인용자.

나란히, 케인스의 현대경제학을 비판함으로써 마르크스의 경제학 비판을 확장한 이는 바로《국가와 자본》의 쉬잔 드 브뤼노프Suzanne de Brunhoff이다). 그리고 이 자본주의적 생산양식이라는 자신만의 대상을 변증법적으로, 그리고 동시에 역사적으로 분석하는 저작이 바로 마르크스의《자본》이다(윤종희가 정확히 지적하듯《자본》은 역사주의적 해석으로도, 논리주의적 해석으로도 환원될 수 없다). 그렇기 때문에 마르크스의《자본》의 기획을 알튀세르는 '경제학 비판'으로 규정한 것인데, 그러나 우리는 아직 '변증법'이라는 문제에 온전히 접근한 것은 아니다. 알튀세르의 경제학 비판을, 그러니까 인식론적 기획을 수용할 것인가 기각할 것인가의 문제에서 핵심은 바로 변증법, 좀 더 정확히 말해 (역사변증법이 아닌) 인식의 변증법이다.**

알튀세르가 스탈린주의적인 변증법적 유물론을 구해내기 위해 이를 전도해 (엥겔스의 표현대로) 유물론적 변증법, 즉 유물변증법으로 변형한 것의 핵심이 바로 사고 과정과 현실 과정, 사고 대상과 현실 대상 사이의 구분이라는 점은 바로 위에서 검토했다. 하지만 마르크스 자신이 제대로 설명하지 못한 채 방기해두었던 변증법을 제대로 이해하지 못한다면 우리는 알튀세르의 이러한 유물변증법의 기획을, 경제학 비판의 현재성을 왜 지금 다시 강조해야 하는지 설명할 수 없게 된다. 뒤메닐이 알튀세르 사망 이후 매우 오랜 시간이 흐른 뒤 알튀세르의《'자본'의 경제법칙 개념》서문을 대상으로 작성한 텍스트〈인식에 관한 마르크스의 이론에 대한 알튀세르의 분석에 있어 역사와 정치경제학 사이의 해소되지 않은 긴장에 관하여La tension non résolue entre

---

** 　역사변증법에 대해서는 에티엔 발리바르,《마르크스의 철학》, 배세진 옮김, 오월의봄, 2018의 4장〈시간과 진보: 또다시 역사철학인가〉에서의 발리바르의 정치한 설명을 참조할 수 있다.

Histoire et Économie politique dans l'analyse althussérienne de la théorie marxienne de la connaissance〉는 정확히 이 점을 다루고 있다.[*] 4절에서 필자의 번역본을 인용하고자 한다(일일이 출처 표시는 하지 않겠다).

4.

뒤메닐은 표면적으로는 굉장히 시대착오적으로 보이는 알튀세르 해석을 제안한다. 뒤메닐은 알튀세르에게서 '역사유물론'이 '역사에 관한 대문자 이론'이며 '변증법적 유물론'(혹은 우리의 표현으로는 '유물변증법')이 '방법에 관한 대문자 이론', 즉 '인식의 변증법'임을 지적한 뒤 "나는 시간이 흐름에 따라 '방법에 관한 이론'과 같은 표현들과 이를 변증법과 동일시하는 것을 낡아빠진 것으로 간주하는 이들에게《마르크스를 위하여》의 〈유물론적 변증법에 대하여〉의 2절을 참조하라고 권해주고 싶다"고 말한다. 뒤메닐은 마르크스가 하나의 과학(역사유물론)과 하나의 철학(변증법적 유물론)을 정초했다고 사고하면서 이 두 지형 위에서 동시에 작업했던 알튀세르가 역사유물론과 유물변증법의 발전에 큰 기여를 했지만, 마르크스주의 경제학자로서 자신이 보기에는 두 번째 측면인 유물변증법, 그중에서도 인식에 관한 이론 혹은 인식론이 가장 중요해 보인다고 주장한다.

　　뒤메닐은 방법과 대상 사이의 관계와 관련해, 알튀세르에게 다음과 같은 질문을 제기할 수 있다고 지적한다. "알튀세르가 순수하게 방법에 관한 이론을 (철학이라는 분과학문의 분야들 중 하나가

[*]　자신의 저서《'자본'의 경제법칙 개념Le concept de loi économique dans 'le Capital'》(François Maspero, 1978)과 이에 붙인 알튀세르의 서문을 중심적인 성찰 대상으로 삼는 이 텍스트는 뒤메닐의 웹사이트에서 무료로 열람할 수 있도록 공개되어 있으며, 필자가 알튀세르 탄생 100주년을 기념하는 한국 알튀세르 심포지엄을 위해 완역했다.

아니라) 마르크스의 '철학' 그 자체와 동일시하고자 했기 때문에, 알튀세르에게서 마르크스의 철학의 지위가 지니는 관점이라는 일반적 질문이 제기된다. 더욱 정확히 말해, 절단 이후의 마르크스가 철학—인식에 관한 이론에 제약되어 있는 철학 혹은 그렇지 않은 철학—에 부여했던 지위에 대해 알튀세르가 어떻게 인식했는지에 대한 질문이 제기되는 것이다(알튀세르의 눈에, 마르크스의 역사이론[즉 역사과학]은 하나의 철학이 아닌 하나의 과학이었다)." 뒤메닐은 《독일 이데올로기》와 〈1857년 서문〉(즉 《그룬트리세》의 서문)에 대한 알튀세르의 독해를 전거로 알튀세르가 철학을 변증법과 동일시하지 않았다는 점을 강조한다. 특히 〈1857년 서문〉은 알튀세르에게 철학을 변증법과 동일시하게 해주었던 것이 아니라 생산 과정으로서의 인식이라는 개념화를 전개할 수 있게 해주었다.

마르크스의 이 텍스트[〈1857년 서문〉]는 알튀세르로 하여금 생산 과정processus de production으로서의 인식이라는 자신의 개념화를 가장 명확한 방식으로 전개할 수 있게 해준다. 바로 이 맥락에서 알튀세르는 자신의 일반성Généralité I, II, III에 대한 이론을 제시하는 것이다. 이러한 이론은 포이어바흐의 감각적/경험적 유물론에 대한 비판과 헤겔적 관념론에 대한 비판이라는 이중의 비판과의 관계에서 작동하는 것이다. 나는 이를 다음과 같이 아주 간략하게 요약하고자 한다. 1) 이론가는 예를 들어 **인구**와 같은 '통념들'(일반성 I)을 재료로 취해 작업한다. 2) 이론가는 예를 들어 **가치**와 같은 '과학'의[과학적] 개념들(일반성 III)을 생산한다(이 개념들은 그 유명한 '사고-구체concret-de-pensée' 내에서 서로 절합된다). 일반성 II(아마도 일반성 II의 예는 **이윤**일 것 같은데, 알튀세르는 일반성 II의 예를 제시하지 않는다)는 '주어진 역사적' 시기의 생산 과정이 산출하는 미성숙한 결과이다. 하지만 '인식의 생산 과

정'에 대한 가장 명료한 분석이 등장하는 것은 바로《'자본'을 읽자》의 1권에서이다.(강조는 원문)

물론 문제 설정problématique을 의미하는 일반성 II의 예를 이윤으로 간주하는 것은 뒤메닐의 오해이다. 하지만 이러한 오해에도 뒤메닐의 이 단락은 알튀세르에게서 인식의 변증법이 어떠한 위치를 차지하고 있는지를 정확히 드러내준다. 그런데《알튀세르의 철학적 유산》의 설명을 통해 이미 지적했듯, 알튀세르의 유물변증법은 '인식의 변증법'과 '역사의 변증법'으로 구분된다. 알튀세르는 바로 이 둘 사이에서 일종의 '갈지자 걸음'을 걷는 것인데, 뒤메닐은 단호하게도 이 지점에서 알튀세르를 비판하면서 유물변증법을 인식의 변증법만으로 환원해야 한다고 주장한다. 조금 길더라도 뒤메닐의 텍스트의 핵심이므로 생략 없이 인용하도록 하겠다.

나의 눈에 가장 놀라운 점은, 인식 과정에 관해 알튀세르가 제시하는 이론화 내에서 그가 이 인식 과정을 고유한 의미에서의 인식 방법[조금 부정확하더라도 이해를 위해 쉽게 말하자면, '인식의 변증법']으로서보다는 역사적 과정['역사의 변증법']으로 접근한다는 점이다. 1) (알튀세르가 부여하는 의미로서, 대체적으로 '이데올로기적인' 그러한) 실천으로부터 파생된, 우리가 제대로 다듬어지지 않은 것이라고 말할 수 있을 그러한 인식의 도구[일반성 I]. 2) 미성숙한 과학의 중간자적 상태[일반성 II]. 3) 결국 (특히 인식론적 절단의 끝에서) 생산된 과학[일반성 III]. 그렇다면 이러한 분석의 대상은 무엇인가? 인식의 역사적 생산에 대한 하나의 이론인가 아니면 방법에 대한 하나의 이론인가? 알튀세르는 명확히 첫 번째 선택지[즉 뒤메닐 자신의 입장과는 달리 '인식의 역사적 생산에 대한 하나의 이론']로 기운다. 하지만 마르크스의 텍스트는 내가 아래에서 간단히 인용할 [〈1857년 서문〉의] 저 유명한 구절이 증거하듯 변별적인 중심 대상[즉 '방법']을 가지고 있다. "그러므로 만일 내가 인구로부터 출발한다면, 나는 전체 ensemble에 대한 혼란스런 표상을 가지게 될 것이며, 점진적인 규정 작용을 통해 나는 분석적으로 점점 더 단순한 개념에 이르게 될 것이다. …… 바로 여기에서부터 우리는 다시 뒤돌아가야만 한다." 이 구절은 《'자본'의 경제법칙 개념》의 서문이 증거하듯 알튀세르가 그 중요성을 [정확히] 포착했던 《자본》의 [사고] 과정démarche이 취하는 가장 엄격한 방식을 정의해준다. 하지만 《마르크스를 위하여》와 《'자본'을 읽자》에서, 사실 알튀세르는 다음과 같은 문장으로 이어지는 마르크스의 논평에 집중한다. "첫 번째 길은 역사적으로 경제학에 의해 채택되었던 그러한 길이다." 방법을 명확히 설명하지 않는다는 점에서 마르크스가 [이 길 위의] 경제학자들을 비판함에도 불구하고, 이 길은 여기에서 일반성에 대한 알튀세르적 이론에 부합하는 인식의 역사 속에 잠겨 있는 그러한 길이다. **우리는 마르크스도 알튀세르도 이러한 분석 내에서 그 어떠한 변증법에도 준거하고 있지 않다는 점을 확인할 수 있을 것이다. 이 변증법이라는 용어는 사용되지[도] 않는다. 알튀세르가 방법에 관한 마르크스적 이론을 변증법과 동일시하기 때문에, 이로부터 우리는 1857년 서문의 분석이 방법에 관한 이론을 자신의 대상으로 가지지 않는다는 결론을 이끌어내야 하는가? 우리는 마르크스의 위대한 대문자 변증법을 가지고 있지 않을 뿐만 아니라, 여기에서 변증법은 가장 명료한 것이라고 우리가 판단할 수 있을 마르크스의 텍스트들 속에서 다시 한 번 우리로부터 도망친다.**(강조는 필자)

뒤메닐은 알튀세르가, 아니 사실은 마르크스가 《철학의 빈곤》을 징후적으로 독해해낸다면) "헤겔적 사고에 잠재해 있는 동역학적 과정 processus dynamique으로서의 인식이라는 관념"으로 변증법을 이해했다는 가설을 제시한다(물론 뒤메닐의 지적대로 변증법이라는 용어는 '사용되지도' 않지만). 뒤메닐은 이 동역학적 과정으로서의 인식이라는 관념에서 가장 중요한 핵심은 '개념적 동역학'이라고 주장하는데, 그러나 이 '개념적 동역학'은 그 (헤겔-) 관념론적 성격이 제거된 것으로서의 개념적 동역학이다. 그는 이를 다음과 같이 설명한다.

> 하지만 마르크스에게서 이러한 동역학적 과정은 이 동역학적 과정이 지니고 있던 관념론(현상을 생성하는 행위자로서의 자기의식)과 삼단논법적 형식주의(이 사고의 시작점에서부터 이에 생명을 부여해주기 위해 소환되는 형식적 설자)가 제거된 동역학적 과정이다. 이러한 방식으로 재구성된, 인식의 과정에 내적인 이러한 동역학dynamique[즉 운동]은 사실적factuel 소여의 '모방'이 전혀 아닌 그러한 절차 내에서, 이론적인 것의 **설명적 가치**라는 표현 이외에는 다른 표현을 가지지 않는 현실에 대한 관계 내에서, 다시 말해 이론과 그 대상(이러한 대상의 변형, 특히 생산관계의 변형을 강조하면서 혹은 그렇지 않으면서 끊임없이 마르크스는 이 관계로 회귀한다) 사이의 관계 내에서 사고-구체의 형성물을 지배하는 동역학이다. 이러한 인식 과정에 대한 인지는, 정치경제학에 의해 (내가 방금 정의했던 의미에서) 반反변증법적인 과정démarche 내에서 '영원한 것'으로 전제된 범주들과 관련해 마르크스가 비판하는 경제학자들(물론 이 경제학자들 또한 제 발로 걸어다니기는 하지만)의 이론적 실천에 대립된다. 사태를 조금 진부하게 표현하자면, 경제학자의 눈에, 직접적[무매개적]이고 변화하지 않는 인식 관계에 따라, 자본은 자본이다(여러 번의 반복[순환]을 통해 더욱 커질 수 있는 상품, 혹은 화폐의 총계).(강조는 원문)

경제학자들의 사고 과정은, 헤겔의 관념론적 변증법과 비교한다면, 즉 관념론적 성격을 여전히 지니고 있는 개념적 동역학의 사고 과정(모순을 통한 개념의 자기-전개 혹은 자기-생산)과 비교한다면 한 걸음 진일보한 것이지만, 그럼에도 마르크스의 관점에서 경제학자들의 이론적 실천은 개념적 동역학을 포기함으로써 실증주의에 빠지게 된다.

> 경제학자의 이러한 [사고] 과정은 사고-구체의 내적 동역학을 위한 그 어떠한 자리도 남겨두지 않는다. 경제학자의 이러한 [사고] 과정은 관념론으로부터는 벗어나 있으나 편협한 실증주의의 영향하에 있는 것이다. 헤겔의 관념론적 변증법과 비교해서는 마르크스에 의해 높게 평가받는 경제학자의 이러한 [사고] 과정은 결정적 한 걸음의 성취를 증거하지만, 마르크스의 눈에 이러한 [사고] 과정은 '너무 나아간 것'이다. 왜냐하면 이러한 [사고] 과정은 **마르크스가 헤겔 변증법 내에서 취하고자 하는 바**, 즉 개념적 동역학의 공간, 사고-구체라는 이 기묘한 대상(이 사고-구체의 생명[핵심]은 다수의 이론적 영역들의 중심에 존재하는 개념들과 이 개념들의 설명적 가치의 동역학—이 다수의 이론적 영역들의 구성 요소(나의 저서 《'자본'의 경제법칙 개념》의 대상 그 자체)가 지니는 설명적 가치의 동역학—사이의 관계이다)의 개념적 동역학을 포기해버리기 때문이다.(강조는 원문)

하지만 적확하게도 뒤메닐은 《철학의 빈곤》에서 마르크스가 경제학자들의 이론적 실천을 비판할 때 그 대상으로 삼는 것이 내용의 문제(즉, 생산관계의 변화를 사고하지 못하는 경제학자들의 무능함 말이다. 《철학의 빈곤》의 매우 유명한 다음의 구절을 참고—"경제학자들은 기묘한 사고방식을 갖고 있다. 그들에게는 인위적 제도들과 자연적 제도들이라는 두 종류의 제도들만이 있을 뿐이다. 봉건제의 제도들은 인위적 제도들이며 부르주아지의 제도들은 자연적 제도들이다. 이 점에서 그들은 두 종류의 종교를 설정하는 신학자들과 같다. 그들의 것이 아닌 모든 종교는 인간의 발명품인 반면 그들 자신의 종교는 신의 발현이다. 현재의 관계들, 즉 부르주아적 생산관계들은 자연적인 것이라고 말함으로써 경제학자들은 이런 관계야말로 부의 생산과 생산력의 발전이 자연법칙에 따라 수행될 수 있도록 하는 관계라는 점을 이해시키려 하는 것이다. 따라서 이 관계들 그 자체는 시대의 영향에서 독립적인 자연법칙들이다. 그것들은 항상 사회를 규제해야 하는 영원한 법칙들이다. 그리하여 지금까지는 역사가 존재해왔지만, 더 이상은 역사가 존재하지 않는다")임에도 "왜 마르크스는 방법에 대한 분석이라는 맥락 내에서 이러한 경제학자들에 대해 불만을 제기하는 것"인지에 질문을 제기한다. 뒤메닐이 보기에 그 이유는 "이론 구성체corpus théorique가 지니는 설명적 가치의 획득 혹은 손실을 보증해주는supporte '변화mutation'에 대한 사고가, 사고-구체의 영역과 이론적 구성물이 자신의 존재 이유로서 설명해야만 하는 그 현실 사이를 분리시키는 바에 대한 가장 명백한 표현들 중 하나이기 때문"이다. 뒤메닐은 모든 난점이 바로 여기에, 즉 '변화'에, 우리의 논의와 관련해 조금 더 쉽게 말하자면 '인식 과정이 현실과 맺는 관계'에 놓여 있다고 주장한다.

다시 말해 이 인식 과정(이 인식 과정의 고유한 동역학)과 이 인식 과정이 현실과 맺는 관계(그 설명적 가치를 보증해주는 것) 사이의 공존이라는 난점 말이다[앞에서 보았던 윤종희의 표현을 빌리자면, 어떻게 지식이 인식 활동을 통해 현실 과정을 영유하는가에 대한 질문]. 개념과 그 대상, 혹은 더욱 명확히 말해 과학적 구성의 과정démarche 내에서의 개념의 생산과 그 설명적 가치의 적용 사이의 공존. 내가 이미 지적했듯이, '과학적 구성'이라는 표현을 통해, 여기에서 나는 일반성 II 내에서와 같이 한 분과학문에 주어진 역사적 발전의 상태를 의미하는 것이 아니다. 내가 의미하고자 하는 것은 《자본》의 그것과 같은 이론적 틀의 생산에서 개념과 법칙의 발생과 절합이다. 그리고 이러한 방법에 관한 이론의 첫 번째 개념은 **형태**나 **법칙**과 같은 다른 것들[개념 이외의 다른 것들]에 대한 정의를 지배하는, 모든 것이 그에 의존하는 개념이라는 **개념**이다. 《'자본'의 경제법칙 개념》에서와 같이, 나는 어떠한 형식적 규칙도 이러한 동역학을 지배하지는 않으며, 특히 어떠한 '연역'의 양태도(혹은 명백히, 삼단논법적 자기-생성의 양태도) 알튀세르가 《'자본'의 경제법칙 개념》의 서문에서 강조하듯 여기에서 작용하고 있지 않다는 점을 주장하고자 한다. 난점은 바로 상품, 가치, 자본 등등과 같은 동일한 이론 구성체의 개념들(이 개념들은 그 정의에서 극도의 엄밀함을 요구한다)과 이 개념들에 대한 언표의 질서(자본-화폐의 시퀀스 혹은 《자본》 I, II, III권 사이의 연쇄) 사이의 상호적 관계라는 문제이다. 이는 상호 관계의 논리에 대한 것이지 연역적 논리가 전혀 아니다. 이 지점에 대한 논의를 마치기에 앞서, 내가 《'자본'의 경제법칙 개념》에서 활용했던 용어법을 참조하면서 한 가지 지점을 언급하고 싶다. 《'자본'의 경제법칙 개념》에서 나는 '변증법'이라는 용어를 매우 특수한particulier 의미로 활용한다(표현/발현manifestation의 변증법과 실현réalisation의 변증법). 나는 《'자본'의 경제법칙 개념》에서 왜 변증법이라는 용어를 이러한 매우 특수한 의미에서 활용했는지 그 이유를 이제[서야] 더욱 정확히 이해할 수 있게 되었다. 그 이유는 다음과 같다. 1) 나는 인식 과정에 내재적인 변증법만을 고려했다. 2) 나는 이 변증법을 모순이라는 통념에 연결시켰다. 이 위에서 우리가 논의했던 바를 상기시킴으로써 아마도 우리는 이 두 가지 이유를 더욱 잘 이해할 수 있을 것이다. 나는 개념화conceptualisation의 이중적 과정이 작동할 때 '변증법'이 존재한다고 판단한다. 예를 들어, 마르크스가 상품은 이중적인 것, 즉 유용성을 지닌 대상[사용가치]과 가치라는 이중적인 것이라고 말할 때, 그는 [자신이 그러하듯] 경제학자가 상품이라는 개념을 활용할 때 이 경제학자가 상이한 결정 요소들의 두 가지 앙상블ensembles—사용[가치]의 속성들(즉 마르크스가 지적하듯 정치경제학의 연구 바깥에 존재하는 것)과 사회적 노동의 일부분으로서 시장에서 인정받을 수 있는 상품의 능력—을 함께conjointement 사고한다는 점을 강조하고 싶은 것이다. 이는 생산력과 생산관계 사이의 모순이 그러하듯 분열된[즉 두 가지로 양분된] 개념적 총체성인 것이다. 마르크스는 이러한 개념적 분열을 광범위하게 활용한다. 우리는 그 또 다른 예를《자본》2권의 '~으로서en tant que'의 지루한 반복에서 발견할 수 있다. 자본이 취하는 상품 형태에 대해 언급하면서, 마르크스는 이 상품 형태를 처음에는 상품 이론의 관점에서('상품으로서'), 그다음으로는 자본의 관점에서('자본으로서') 사고한다. 여기에서 이 두 이론에 대한 융합은 이루어지지 않는다. 그러한 거대한 개념적 이중성의 또 다른 예는 내가 이미 경제학자들과 관련해 언급했던 변화mutation라는 개념이다. 이는 혼종적 사회구성체에서와 마찬가지로 변화changement의 과정 속에 존재하는 혼종성에 대한 꽤나 일반적인 사고이다.(강조는 원문)

"개념화의 이중적 과정이 작동할 때"에만 존재하는 것으로 이 '변증법'을 제한했다는 점, 그것이 알튀세르의 유물변증법의 기획과 《'자본'의 경제법칙 개념》에서의 자신의 기획이 공명하는 지점이라고 뒤메닐은 주장하고 있는 것이다. 뒤메닐은 "자신의 설명적 가치에 대한 요구에 종속된 사고-구체의 상대적 자율성과 그 모순이라는 이 두 가지 측면을 내가 방금 위에서 행했듯 결합하는 것은 다소간 타당한 선택이었다"고 회고하면서, "나는 이 이외에 인식의 '변증법'을 구해낼 수 있는 다른 수단을 전혀 발견하지 못했"다고 주장한다. 그러면서 뒤메닐은 각주를 통해 "유명한 마르크스주의 사상가들이 마르크스주의적 인식의 변증법을 삼단논법으로부터 가져온 형태 내에서 분석하는 것을 볼 때마다 나는 상당히 경악한다. 하나는 둘로 나뉜다, 즉 예를 들어 '자본'은 '불변

자본'과 '가변자본'으로 나뉜다 등등"이라고 언급한다.*

바로 이렇듯, 헤겔적인 관념론적 변증법에 대립하는, '개념적 동역학'으로 제한된 인식의 변증법과 관련해, 알튀세르는 뒤메닐의 이러한 기획을 옹호하면서 뒤메닐의《'자본'의 경제법칙 개념》의 핵심을 다음과 같이 정리한다. 조금 길더라도 알튀세르의

---

* 그 대표적인 예는 바로 미카엘 하인리히Michael Heinrich와 모이쉬 포스톤Moishe Postone인 것 같다. 하지만 자크 비데Jacques Bidet가 비판하듯, 가치와 사용가치 사이의 모순이 아니라 사용가치와 잉여가치 사이의 모순이 생산적 모순이다. 비데가 이러한 관점에서 '신변증법New Dialectic' 학파와 포스톤을 비판하는 다음의 논문을 참조. "Misère dans la philosophie marxiste : Moishe Postone lecteur du Capital"(《마르크스주의 철학의 빈곤:《자본》의 독자로서의 모이쉬 포스톤》). 이 논문은 웹진 Périodes에 무료로 공개되어 있다.(뒤메닐의 이 텍스트를 번역하고 독해할 때 큰 도움을 주신 백승욱 교수의 편지에 따르면, 이러한 '헤겔에 대한 제한적 전거'는 국내에 이미 번역, 소개된 바 있는 아도르노의《변증법 입문》(테오도어 아도르노 지음, 홍승용 옮김, 세창출판사, 2015)을 통해 더욱 정확하게 이해할 수 있다. 백승욱 교수의 설명이 독자들에게 많은 도움이 되리라 판단해 그의 허락 하에 한 단락을 인용하도록 하겠다. "그럼 여기서 헤겔에 대한 제한적 전거 또한 이해되는데, 이에 대한 가장 적절한 해석은 아도르노의 강연록《변증법 입문》이 아닐까 싶네요. 마르크스의 헤겔 비판을 수용하면서도 헤겔을 다시 복권시키는 그 강연록을 다 읽은 후, 우리가 얻는 결론은 '구체적 상황에 대한 구체적 분석'의 지침으로서의 변증법적 사유의 필요성에 대한 강한 강조(즉 '제1철학'이 아닌 단지 '지침'으로서의 변증법) 이상은 아닌데, 그것은 마오쩌둥의《모순론》에 대한 알튀세르의 독해와도 정확히 일치한다고 생각되죠(모순의 구체성의 모순의 일반성에 대한 우위). 이런 관점에서 뒤메닐은 이른바 '일분위이一分爲二'(하나를 쪼개면 둘이 된다)론을 비판하고 있는데, 이런 태도가 헤겔주의적 방식으로 변증법적 유물론을 대상에 '적용'하는 태도라고 보기 때문이죠(마오쩌둥 자신도 '일분위이'를 변증법 일반 법칙으로 보았다기보다는 모순의 해소 불가능성을 강조하는 자리에서 사용하고 있다고 해석할 수 있겠죠). 정-반-합 식의 속류 헤겔Hackel류 변증법 이해는 말할 것도 없고요. '대립물의 통일'에 대한 해석이 그래서 미묘하게 달라지는데, 통일된 것이 그 자체로 분할하는 역사가 아니라(가치가 교환가치와 사용가치로 분할된다는 헤겔주의적 마르크스 해석: 그에 대해서는 마르크스가 마지막 시기 바그너 평주에서 스스로 반박한 바 있으니), 서로 대립하고 있는 것을 하나의 '대립의 통일물'로 개념적으로 동역학적 틀 속에서 해석하려는 노력을 강조하고 있다고 볼 수 있겠죠. 그런 점에서만 마르크스는 아직 헤겔 변증법의 사정 속에 있는 것으로 해석될 수도 있겠고요." 물론 이를 미카엘 하인리히와 모이쉬 포스톤에 대한 비판으로 간주하는 것은 필자의 해석이다. -옮긴이)

옮긴이 해제

이 텍스트의 핵심이며 뒤메닐의《'자본'의 경제법칙 개념》의 핵심을 지적하는 구절들이므로 알튀세르의《마키아벨리의 고독Solitude de Machiavel》(PUF, 1998)에 실린《'자본'의 경제법칙 개념》서문(게다가 의미심장하게도 이 서문은《무엇을 할 것인가?》가 집필된 1978년에 공개되었다) 257~259쪽을 생략 없이 전부 번역하고 인용하겠다.(강조는 원문의 것이다)

[(1)] 바로 이 지점에서 뒤메닐은 매우 강력한 몇 가지 테제들을 옹호한다. 나는, 개념들의 **자기생산**autoproduction을 통해 전개되는 대신, 마르크스의 사고가 개념의 **위치**position에 의해 열리고 닫히는 이론적 공간에 대한 탐험(분석)을 개시함으로써, 오히려 이 **개념**의 위치를 통해, 그리고 그 이후에는 어느 한 새로운 **개념**의 위치를 통해 이론적 장을 확장시키면서 계속 앞으로 나아가 하나의 극한적인 구조적 복합체의 이론적 장들을 구성하는 데에 이르기까지 전개된다고 말함으로써, 뒤메닐의 사고의 핵심을 잘못 표현하지는 않기를 바란다. 뒤메닐의 이러한 관점의 이점은 마르크스에게서 존재하는 다음과 같은 끈질긴 요구들을 명료하고 체계적으로 표현한다는 점이다. 우선 '법칙들'의 **내부성**이라는 특징. 뒤메닐은 이 '법칙들'의 **내부성**이라는 주제가 마르크스에게서 일반적인 경험주의적이고 합리주의적인 함의들과 아무런 관계도 없다는 관념을 대담하게 옹호한다. 뒤메닐에 따르면, 내부성은 외양apparences에 대립되는 본질을 지시하는 것이 아니라, **하나의 개념 혹은 하나의 이론적 장의 내부성**에 결정요소들détermiations이 속한다는 점을 지시한다. 엄밀하게도, 설명/서술exposition의 각 계기마다 마르크스는《자본》에서 하나의 개념 혹은 심지어는 고려된 하나의 '현상적 총체성'으로부터 기존 이론적 장의 내부성 안에서 기입될 수 있는 바 이외에는 그 무엇도 취하지 않는다. 장으로부터 배제된 결정요소와 관련해 마르크스가 다음과 같이 말하

듯이 말이다. "이 결정요소는 우리 논의에서는 존재하지 않는 것과 다름없다." 바로 이 배제된 결정요소가 이론적 내부성을 이론적 외부성으로부터 구분해준다. 그러므로 내부성에 대한 이러한 정의(뒤메닐은《자본》3권에서 마르크스가 제시한 '법칙'에 대한 하나의 정의로부터 출발한다. "두 가지 사물/사태 사이의 **내적**이고 필연적인 연결 connexion ......")는 **외부성**에 대한 하나의 상관적 정의를 도출한다. 현상적 외양—내부적 본질로서 현상적 외양—이라는 정의가 아니라, 이 현상적 외양이라는 정의와 일치하지 않는 또 하나의 '**다른 논리적 총체성**'이라는 정의를. 그러므로 이 예만을 취해 논의해보자면, 교환가치(혹은 가치)는《자본》을 출발하게 해주는 '근본적인' 이론적 장에 속하지만, 사용가치(상품의 '또 다른 측면')는, 비록 이 사용가치가 가치의 물질적 '지지물support'이라는 점에서 상품을 사고하기 위해 필수적인 것이기는 하지만, 또 하나의 다른 이론적 장, 즉 유용성을 가진 생산물들의 물리적이고 생물학적인 속성들을 연구하는 이론적 장에 속한다. 그러므로 각각의 '논리적 총체성'은 **자율적**인 것이다[그래서 가치와 사용가치는 모순적이지 않은 것이다]. 내부성과 외부성에 관한 뒤메닐의 이 테제들은 **추상(화)**abstraction에 대한 그의 해석에 모든 생명력[즉 근거]을 부여해준다. 우리는 '경제학'이라는, 자연과학의 도구들(현미경 등등)을 활용하지 않는 이론이 취할 수 있는 사고를 위한 유일한 '도구'가 추상이라고 마르크스가 집요하게 주장할 때 그것이 어떠한 문제들을 제기하게 되는지 알고 있다. 또한 우리는 어떻게 마르크스가 추상 속에서 하나의 허약한 형태만을 보았던 이들과 논쟁해왔는지 알고 있다. 마르크스는 다음과 같이 말한다. "가치로부터 독립적인 하나의 존재의 도래를 하나의 **순수한 추상**으로 간주하는 이들은 산업자본주의의 운동이 바로 **현행적인**in actu 추상 그 자체라는 점을 망각하고 있다." 이에 대해 뒤메닐은 다음과 같이 논평한다. "최초로, 한 명의 경제학자[즉 마르크스]가 추상을 인식의 원리로 전제하고 이론적 장의 점진적인 정교한 구성 élaboration에 대한 **의식 그 자체** 위에 기초해 있는 하나의 체계를 구

축한다." 이는 《자본》에서 이론적 추상이 독자적^{singuliers} 대상들
에 대한 그 어떠한 일반성의 연역^{prélèvement}도 포함하고 있지 않
기 때문이다. 하나의 객관적 추상에 관해 성찰함으로써, 이론적
추상은 **배제를 통해** 자신의 사고를 스스로 구성한다. 만일 마르크
스가 추상 내에서 사고한다면, 그리고 이 추상의 과정이 '구체화'
의 과정이라면, 이는 마르크스가 **추상을 통해** 사고하기 때문이며,
개념의 각 위치가, 그러니까 '내부적인' 이론적 장의 각 열림이
동시에 외부에 내한 **배제**, 그러니까 장의 **닫힘**이기 때문이다. 장의
열림은 장의 닫힘과 상관적이며, 장의 닫힘은 각 계기마다 외부
를 추상한다^{faire abstraction de}는 점을 함의한다.

[(2)] 그 자체 제한된 장 내에서 옹호되는 이 테제들은 나에게 매
우 강력해 보이는데[즉 설득력이 있는 것으로 보이는데], 왜냐하
면 이 테제들은 헤겔적 방식의 개념에 대한 (그리고 **더욱 강력하게는**
개념에 의한 현실적인 것의) 자기생산의 모든 외양을 **배제**하며, 또
한 이 테제들은 핵심적 개념들—이 핵심적 개념들 주위에서 개념
적 장의 구성과 탐구가 자신의 다양한 결합들 속에서 조직된다—
의 설명/서술의 계기에서의 개입, 즉 **위치**를 사고하도록 강제하기
때문이다. 《자본》의 전개 전체를 지배하는 가치 개념('최초의 토
대'), 자본 개념, 자본주의적 생산 개념과 같은 핵심적 개념들 말
이다. 그런데 개념들의 **위치**를 말하는 이에게는 개념들의 **자기생산**
으로서의 '이성/이유들의 질서' 내에서 이 개념들이 출현한다는
식으로 사고하는 것이 금지된다. 설명/서술 순서의 외양적 연속
성은 핵심적 개념들의 위치에 의해 구획지어진 이론적 불연속성
을 숨기고 있다. 예를 들어 우리는 뒤메닐의 텍스트에서 가치를
잉여가치로 **연장**하기 위해 '상품 생산'의 가치를 수량적으로 변이
시키는 작동^{jeu de variation quantitative}을 수행하고자 하는 유혹에도
불구하고 상품이라는 개념으로부터 자본이라는 개념을 **연역하는
것**의 현실적 불가능성을 명확히 읽을 수 있다. 게다가 마르크스
는 심지어 《그룬트리세》에서 이를 매우 강력히 말한다. "잉여가

치는 아주 단순히 그 등가물 너머에 존재하는 가치이다. 등가물은 정의상 단지 가치의 자기 자신과의 동일성일 뿐이다. **그러므로 잉여가치는 등가물로부터 출현할 수 없으며**, 따라서 유통/순환circulation의 기원에 있는 것도 아니다. 잉여가치는 자본 그 자체의 생산과정으로부터 돌발surgir해야만 한다." 설명/서술의 순서가 [그릇되게도] 개념의 자기생산 혹은 자기 연역을 믿도록 만들 수 있는 지점에서, 뒤메닐은 하나의 새로운 [이론적] 공간을 열어주는 하나의 개념의 위치를 발견해 우리에게 제시한다. 하지만 이러한 개념의 위치는 하나의 새로운 [이론적] 공간을 열자마자 이 공간을 닫아버린다. 마르크스주의 이론이 **유한한** 특징을 지닌다는 이러한 테제를 강력한 근거들을 통해 옹호하는 것은 이러한 뒤메닐의 분석의 매우 중요한 결과들 중 하나이다. 여기에서 레닌의 다음과 같은 정식이 뒤메닐의 분석의 핵심을 드러낸다. 마르크스는 우리에게 [몇 개의] "초석들"을 제시했을 뿐이다. …… 여기에 우리는 '하나의 유한한 이론적 공간'의 초석들이라고 덧붙여야 한다. 마르크스주의 이론은 그 자체로 보편적인 것이 아니며, 사회적이고 인간적인 '사실들'의 장 내에서 주어진 모든 현상으로 자의적으로 확장 가능한 것도 아니다. 우리는 각각의 경우마다 근거들을 가지고서sur pièces[즉 각 상황에 맞게 구체적이고 입체적으로 분석하여] 이를 판단해야 한다. 자, 바로 이것이 아마도 형이상학적 마르크스주의자들로 하여금 마르크스주의 이론을 이 이론이 자신의 고유한 장으로부터 배제하는 혹은 이 마르크스주의 이론이 그 운명을 침묵 속으로 유보해두는 대상들에까지 권위적으로 확장하는 모험에 뛰어들고자 하는 의욕을 꺾어버리는 지점일 것이다.

[(3)] 과연 우리는 뒤메닐의 이러한 증명에서 무엇을 취해야 하는가? 바로, 지속적으로 '그 비율이 조절dosée'되고 통제되며 규정된 개념들의 위치와 상관적인 그러한 하나의 추상을 통해 마르크스가 사고를 위해 '의식적으로' 취하는 방식에 대한 매우 명

료하고 분명한 특정한 하나의 표상을 취해야 한다. 자신 가까이 접근해 있는 유혹을 매우 잘 인지하고 있는 뒤메닐은 이 책의 어딘가에서 다음과 같이 말한다. "정치경제학은 하나의 공리계axiomatique가 아니다." 분명 여기에서 뒤메닐은 이데올로기적 개념화의 의미에서의 공리계를 말하고 있는 것이다. 마르크스는 연속적으로 도출되는 결과들을 순수한 가설을 통해 '탐구'하기 위해 혹은 결론/결과conséquence의 효과들을 생산하기 위해 자신의 개념을 전제하거나 덧붙이는 것이 아니다. 마르크스는 자의적인 변이들variations에도, (단순한 학문적 즐거움을 위해) 현상적 총체성의 '이해appréhension'에도 빠져들지 않는다. 명백히 마르크스의 설명/서술은 자신이 활용함에도 드러나지 않는 '연구 방법'을 통해 발견한, 무대의 바깥에 존재하는 거대한 현실에 의해 인도된다. 가치라는 그의 최초의 추상이 "산업자본주의의 운동의 **현행적 추상**"에 의해 지지되는 것과 마찬가지로 말이다. 하지만 추상 속에서 현실적인 것을 '재생산'한다는 이러한 유물론적 테제가 원리적으로 그 위에 기초해 있는 **이러한 한계들 내에서**, 개념의 **위치**, 이론적 장의 열림-닫힘 효과, 하나의 외부를 배제하는 하나의 내부(이 외부와 내부는 이론 내에서 서로 독립적인 두 가지 '논리적 총체성들'이다)에 의해 구성되는 장의 유한한 자율성, 하나의 새로운 개념―이 하나의 새로운 개념은 다수의 변이들과 교차들, 그리고 심지어는 법칙들의 '발현manifestation'과 이 법칙들의 '실현'(이 법칙들의 '실현'이 역사적 변화들을 개입하도록 만든다)의 무한히 복잡한 분석에 이르기까지 이를 가능케 함으로써 이론적 장의 의미와 한계에 영향을 미친다―의 위치에 의한 장의 변형, 이 모든 것은 설명/서술이라는 형태 내에서 공리계적 사고와 매우 가까운 하나의 사고방식을 필연적으로 떠올리게 만든다. 뒤메닐을 읽고 나면, 형식적으로 마르크스의 《자본》에서는 (설명/서술의 각 계기마다 이론적 장을 결정하는, 다시 말해 이론적 장을 열고 닫는) 그러한 전제된 개념들을 통한 '의식적' 통제 하에서 조금씩 조금씩 전개되는 것 이외에는 그 무엇도 전개되는 것이 없다는 점을 깨닫게 된다. 그런데 바로 이것이 《자본》의 **사고 과정**Denkprozess일 것이다.

크게 세 단락으로 구분한 위의 인용문에서 알튀세르는 《자본》의 사고 과정이란 도대체 무엇인지, 뒤메닐이 《'자본'의 경제법칙 개념》이라는 위대한 저서에서 제시한, 헤겔적이지 않은 혹은 제한적으로만 헤겔에게 전거하는 변증법으로서의 개념적 동역학이란 무엇인지 매우 정확하게 설명한다. 뒤메닐은 바로 이러한 《'자본'의 경제법칙 개념》의 관점에서 알튀세르를 평가하는 것인데, 그는 (마르크스가 《철학의 빈곤》에서 제시했던 통념인 '좋은 측면'과 '나쁜 측면'을 활용해) 알튀세르의 좋은 측면은 그가 "아마도 나의 무지로 인해, 나는 현재에는 무시되고 있는 이러한 성찰의 영역이 왜 포기의 대상이 되었는지 이해하지 못하겠다"고 말하는, "인식에 대한 성찰을 우리 연구 계획의 시작 단계에 위치 지을 수 있게 해준다는 점"이며, 알튀세르의 나쁜 측면은 그가 "(인식 과정의 대상으로서) 다루고자 하는 두 영역, 즉 알튀세르가 '역사에 대한 이론'과 정치경제학이라고 각각 부르는 두 가지 매우 변별되는 대상을 하나로 연결 짓는 데 있어 그가 맞닥뜨리는 거대한 난점"이다. 뒤메닐에 따르면 이것이 "알튀세르에게서 거대한 난점인 이유는, 이 두 영역 사이의 맞세움confrontation은 알튀세르를 방법의 통일unité[방법적 통일성/일의성], 즉 알튀세르적 의미에서 변증법의 통일[변증법적 통일성/일의성]이라는 질문으로 그를 이끌어갔을 것이기 때문"이다(위에서 이미 지적했듯, 박상현의 글 〈알튀세르의 철학적 궤도〉에서 확인할 수 있는 것처럼 말이다). 뒤메닐은 알튀세르의 이러한 방향 설정에 반대하면서, 알튀세르적 역사 개념은, 그러니까 역사과학으로서의 경제학 비판이라는 그의 대륙은, '너무 광대'하다고 지적한다.

나는 마르크스가 역사에 관한 '정관사la' 이론을 정초했다고 생각하지 않는다. 기껏해야 마르크스는 사회의 역사에 대한 하나의 거대한 테제, 우리가 편의상 '역사유물론'이라고 계속 부를 수 있을 그러한 테제를 제시했을 뿐이다. **생산**양식에 관한 이론(나는 의도적으로 '생산'에 강조 표시를 했다), 잉여노동의 전유에 대한 특수한particulière 양태로 이 생산양식을 특징 짓[는 이론], 이러한 기준에 따른 계급들로 사회를 분할하[는 것에 관한 이론], 이러한 분석틀로부터 연역된 바로서의 국가에 대한 이론, 마찬가지로 이러한 틀로부터 산출된 바로서의 이데올로기에 대한 이론, 그리고 이 이외의 많은 것들. 모든 것이 여기에 다 존재하는 것은 아니지만, 이것만 해도 광대하며 항상 우리가 넘어설 수 없는 수준의 것이다. 그리고 [여기에서 마르크스가 보여주는] 이론적 엄격함—내가 '이러한 기준에 따른' '연역된 바로서의' 혹은 '산출된 바로서의'라는 한정을 통해 표현했던 그의 이론적 엄격함—은 위대한 것이다. 부차적으로 우리는 그의 이러한 이론적 엄격함이 인식의 내적 동역학과 이 인식의 대상과 맺는 이 동역학의 관계와 관련해 내가 위에서 설명했던 바를 훌륭하게 예증해준다는 점을 알아차릴 수 있을 것이다.(강조는 원문)

뒤메닐은《마르크스를 읽자》에 실은 자신의 논문 〈경제학〉에서[*] 알튀세르의 '좋은 측면', 즉 그의 유물변증법 중에서도 인식의 변증법을 취해《자본》의 방법론의 핵심을 '사고-구체concrét de pensée' 개념으로 설정한다. 추상화를 통해 개념이라는 도구를 형성하기(개념의 이론적 구성), 그리고 이 도구의 적용과 실행을 통해 구체적 분석을 수행하기(개념의 실천적 적용), 이 두 가지의 결합이 바로 사고과정 내에서의 추상에서 구체로의 상승, 그리고 결국에는 현실

---

[*] Gerard Dumenil, Michael Lowy, Emmanuel Renault, *Lire Marx*(《마르크스를 읽자》), PUF, 2014, 그리고 또한 제라르 뒤메닐 · 미카엘 뢰비 · 에마뉘엘 르노,《마르크스주의 100 단어》, 배세진 옮김, 두번째테제, 2018의 〈방법〉 항목과〈사고-구체〉 항목을 참조하라.

과정과 지식의 영유에 관한 마르크스의 방법의 핵심이다. 이를 통해 뒤메닐은 마르크스의 경제학 비판, 마르크스의 변증법, 마르크스의 인식론이 위치할 수 있는 아주 작은, 그리고 정교하게 제한된 유한한 자리를 마련해준다. 뒤메닐 자신의 표현을 빌리자면 '커다란 조각 하나'로서의 '마르크스주의적 자본주의 경제학'을 위한 저서 《현대 마르크스주의 경제학》에서 그 스스로가 보여주었듯이 말이다.**

《무엇을 할 것인가?》에서 알튀세르가 그람시의 역사주의를 비판하면서 다시금 강조하는 레닌의 '구체적 상황에 대한 구체적 분석'의 의의는 발리바르의 말마따나 너무나 변증법적 유물론적이며 너무나 스탈린주의적인 바로 이 지점에서 발견할 수 있지 않을까 생각한다.

역사의 변증법과 인식의 변증법으로 구성된 유물변증법(혹은 저 '신학적'인 변증법적 유물론)의 파산 선고와 함께, 우리는 뒤메닐이 비판하듯 목욕물을 버리면서 아이까지도 버리듯 인식의 변증법을 너무나도 손쉽게 포기했다. 물론 알튀세르 또한 《마르크스를 위하여》와 《'자본'을 읽자》의 이론주의를 자기비판하면서, 그리고 결국에는 (자신의 사유 내에서 꿈틀대고 있던) 우발성의 유물론 혹은 마주침의 유물론의 문제 설정으로 나아가면서, 인식의 변증법을 구해낼 무기를 너무나 훌륭하게 다듬어내 덧붙임 없이 길게 인용할 수밖에 없었던 '뒤메닐을 위한 서문' 프로젝트를 포기하고 말았다. 하지만 우리가 위에서 살펴보았듯 뒤메닐은 '알튀세르를 위하여' 알튀세르를 다시 읽기를 권하는 자신의 글에서 《무엇을

***

** 제라르 뒤메닐·도미니크 레비, 《현대 마르크스주의 경제학》, 김덕민 옮김, 그린비, 2009 참조. 이 책의 원제가 바로 '마르크스주의적 자본주의 경제학Économie marxiste du capitalisme'이다.

할 것인가?》의 알튀세르를 (일종의 데리다적 푸닥거리와 같이) 다시 소환한다. 발리바르의 주장대로 우리가 알튀세르와 그람시 사이의 대립을 사고하는 것이 더 이상은 생산적이지 않다고 할지라도(그리고 샹탈 무페Chantal Mouffe의 작업으로 대표되는 '좌파 포퓰리즘'의 전성기에 이러한 대립이 매우 시대착오적이고 비동시대적이라고 할지라도), 발리바르가 자주 사용하는 들뢰즈적 표현대로 이 두 사상가를 '이접적으로 종합'하는 것이 이 두 사상가 모두를 구해내는 길이라고 나는 생각한다. 그리고 이러한 이접적 종합의 중핵이 바로 뒤메닐의 알튀세르 해석, 인식의 변증법을 구해내고자 하는 그의 시도, 알튀세르가 '뒤메닐을 위한 서문'에서 그 핵심을 정확히 표현한 그 시도라고 필자는 주장한다.

필자는 이러한 시대착오적이고 비동시대적인 시도가 (역설적이지만 이 저서의 현재성을 발현하는 방식으로) 알튀세르를 위하여, 알튀세르에 반하여, 그리고 발리바르를 위하여, 발리바르에 반하여 《무엇을 할 것인가?》를 읽는 한 가지 방식이라고 생각한다.

5.

감사의 말을 전하고 싶다. 부족한 원고 전체를 검토해주신 한보희 선생님, 추천사를 써주신 진태원 선생님께 감사드린다. 마지막으로 나에게 프랑스어를 가르쳐준 세 명의 선생님, 아멜리Amélie Joubert, 플로랑Florent Martinez 그리고 스테파니Stéphanie Hanitriniala에게도 감사의 말을 전하고 싶다.

2018년 11월 파리에서
배세진

무엇을 할 것인가?

그람시를 읽는 두 가지 방식

초판 1쇄 펴낸날 2018년 11월 21일

지은이   루이 알튀세르
옮긴이   배세진
펴낸이   박재영
책임편집   임세현
디자인   윤선호

펴낸곳   도서출판 오월의봄
주소   경기도 파주시 회동길 363-15 201호
등록   제406-2010-000111호
전화   070-7704-2131
팩스   0505-300-0518

이메일   maybook05@naver.com
트위터   @oohbom
블로그   blog.naver.com/maybook05
페이스북   facebook.com/maybook05

ISBN   979-11-87373-72-8 03100

이 책은 저작권법에 따라 보호받는 저작물이므로 무단전재와 복제를 금합니다.
이 책 내용의 전부 또는 일부를 이용하려면 반드시 저작권자와 도서출판 오월의봄에
서면 동의를 받아야 합니다.

이 도서의 국립중앙도서관 출판예정도서목록(CIP)은 서지정보유통지원시스템 홈페이지
(http://seoji.nl.go.kr)와 국가자료공동목록시스템(http://www.nl.go.kr/kolisnet)에서
이용하실 수 있습니다. (CIP제어번호: CIP2018035908)

• 책값은 뒤표지에 있습니다. 잘못된 책은 바꾸어 드립니다.